# 社会工作
# 项目管理手册

SHEHUIGONGZUO
XIANGMUGUANLISHOUCE

"大爱之行"全国项目办公室 组编

中国社会出版社
国家一级出版社·全国百佳图书出版单位

**图书在版编目（CIP）数据**

社会工作项目管理手册／“大爱之行”全国项目办公室组编．—北京：中国社会出版社，2016.10

ISBN 978-7-5087-5476-5

Ⅰ.①社…　Ⅱ.①大…　Ⅲ.①社会工作—社会管理—中国—手册　Ⅳ.①D632-62

中国版本图书馆CIP数据核字（2016）第248958号

---

**书　　名：**社会工作项目管理手册
**组　　编：**“大爱之行”全国项目办公室

---

**出 版 人：**浦善新
**终 审 人：**胡晓明
**责任编辑：**杨　晖　张　杰　张　迟

---

**出版发行：**中国社会出版社　邮政编码：100032
**通联方法：**北京市西城区二龙路甲33号
**电　　话：**编辑室：（010）58124840
销售部：（010）58124841
（010）58124842
**网　　址：**www.shcbs.com.cn
shcbs.mca.gov.cn
**经　　销：**各地新华书店

中国社会出版社天猫旗舰店

---

**印刷装订：**中国电影出版社印刷厂
**开　　本：**150mm×225mm　1/16
**印　　张：**11.25
**字　　数：**110千字
**版　　次：**2016年12月第1版
**印　　次：**2020年1月第2次印刷
**定　　价：**32.00元

中国社会出版社微信公众号

# 编委会


主　编：李冕伟

副主编：郭思源　吴耀健

编　委：（按姓氏笔画排序）

王瑞芳　吕妍静　朱汶静　李冕伟　吴耀健

郑丹纯　郭思源　钟龙生　谭宇凌

# “大爱之行——全国贫困人群社工服务及能力建设项目”简介

“大爱之行——全国贫困人群社工服务及能力建设项目”（以下简称“项目”）由民政部社会工作司、李嘉诚基金会合作执行。项目内容是资助示范性专业社会工作服务项目，为弱势社群提供人性化、个性化、专业化社会工作服务，同时辅以一线服务人员实践培训，建立一支数量充足、结构合理、素质优良的社会工作服务人才队伍，建构覆盖各领域、各人群的社会工作服务网络。

项目周期为2014年1月至2016年12月，以城市流动人口、农村留守人员、特殊人群、医疗与精神健康、老年人、儿童青少年、残疾人、妇女与婚姻家庭、贫困与失业人员、社区十类社会工作服务为重点，采用面向全国公开申报、评审公示、立项确定项目实施地区与单位的方式，共资助110个专业社会工作机构，在全国29个省（自治区、直辖市）开展社会急需、创新性强、具有重要推广价值的专业社会工作服务项目，直接受益人数35万余人，直接参与项目志愿者人数3.2万余人。项目由李嘉诚基金会捐资2000万人民币，民政部配套227万，具体项目承担省份民政部门或群团组织提供不低于1：1的资金配套。

项目带动全国110个专业社会工作机构发展，直接和间接培养至少500个专业社会工作岗位；以获资助项目工作人员、项目承担方民政工作人员和专业社会工作者为主，提供能力建设培训，面向全国开展20余期专题培训，直接受益人数2300余人。项目通过资助专业社会工作项目、培育人才建设系统，建立可供制度发展使用的多元基准及发展指标，推动内地社会工作队伍管理和运作的科学化、规范化。

项目支持构建国家级专业社会工作政策与标准体系，开展小额专项研究资助，并举办不同规模的政策研讨会、公众交流会和学术交流会：一是支持7项政策研究制定，包括社会工作立法、社会工作专业岗位开发与人才激励保障、老年、禁毒等社会工作制度建设；二是支持2项国家标准和8项行业标准研究起草，包括已出台的《儿童社会工作服务指南》《社会工作服务项目绩效评估指南》《老年社会工作服务指南》和正在研究起草的社区社会工作服务指南、青少年社会工作服务指南等；三是支持开展5项专项研究，包括社会工作专业人才信息系统建设、社会工作服务机构信息建设基本规范、专业社会工作发展战略研究、中国贫困人群的社会工作服务行动研究等。同时借由项目实施，带动政府管理服务理念创新，完善社区服务机制，强化社区服务能力，实现城乡社区的有效管理和服务，探索政府行政管理与基层群众自治有效衔接以及行政力量、专业力量与社会力量良性互动的机制。

# “大爱之行——全国贫困人群社工服务及能力建设项目”项目目标与任务

**一、通过项目实施，推动改善受助人群的生活境遇**

项目以城市流动人口、农村留守人员、特殊人群、老年群体为重点，以社区为平台，以购买民办社会工作机构服务为主要方式，广泛开展示范性专业社会工作服务，带动改善受助人群的生活状况，提升受助人员的发展能力，推动建构人性化的专业社会支持与保护网络。

**二、通过项目实施，推动加强社会工作专业人才与民办社会工作服务机构能力建设**

项目将以民政部社会工作专业人才培训基地为依托，以社会工作专业培训网络平台和课件开发为保障，有计划地组织举办若干期社会工作服务人员、机构管理人员和专业督导培训，引领带动相关社会工作人才强化专业服务理念、积累专业服务经验、掌握专业服务方法、提升专业服务能力，引领带动相关民办社会工作服务机构提升项目策划实施、机构运营管理、资源整合应用、专业服务提供等方面能力，推动创立一批可持续、创新性强、社会关注、群众急需的专业社会工作服务品牌。

## 三、通过项目实施，推动建构社会工作服务标准体系

项目将在社会工作服务的主要领域，遴选若干服务基础好、研究能力强的专业机构，通过行动研究和专题研究的方式，逐步制定一批指导性、操作性、专业性强的社会工作服务标准，推动建构符合中国特色、与国际接轨的社会工作服务标准体系。

## 四、通过项目实施，探索社会工作服务新模式

通过项目实施，创新政府财政资金和社会资金合作开展社会工作服务的多元投入机制、发挥社会组织的灵活性、创新性优势，支持开展社会急需但又尚未纳入政府制度安排的前瞻服务项目，支持解决当前政策缺失但又急需突破的瓶颈问题；通过服务项目开展、专业人才培训和政策标准研究，探索完善政府购买社会工作服务需求评估、过程管理、绩效评价等方面的新规范、新机制，探索既符合本地实际、又与国际接轨的专业社会工作服务模式，为社会服务、社会治理的现代化转型升级提供经验参考、奠定实践基础。

# 前言

2006年中央提出"建设宏大的社会工作人才队伍"的战略部署以来，我国社会工作发展发生了重大变化。其中一个明显的变化是，政府加大了对社会工作服务发展的支持，以"政府购买服务"方式资助越来越多的社会工作机构进入社会各个领域为贫困人群提供服务。据统计，2013年仅广州市就投入了3.2亿元向217家社会工作机构购买了165项社会工作服务。其余各地社会工作服务发展也在近几年获得了较大的进展。在政府购买社会工作服务中，如何立项、管理及评估等问题成为政府、社会工作机构共同关注的热点、难点问题。

2014年1月，民政部社会工作司和李嘉诚基金会合作的"大爱之行——全国贫困人群社工服务及能力建设"（简称"大爱之行"）项目正式启动，资助全国29个省市共计110个社会工作服务项目，为农村留守人员、城市流动人口、老年人、残疾人、儿童妇女及家庭、医疗与精神健康患者、贫困失业人员等提供各种类型的社会服务。“大爱之行”项目是首例在全国范围推行的社会工作服务项目，创新及独特的模式值得深入探索及总结。

另一方面，各地政府购买社会工作服务开展的时间和成熟程度各异，一些地区及项目发展得较早并已经取得了较为成熟的经验，而部分地区则处于起步状态。同时在政府的大力支持下，各地涌现了越来越多的新生社会工作服务机构承接政府购买的社会工作服务项目。因此，我们期待总结在政府购买社会工作服务管理过程中的成熟经验，为处于起步阶段的项目提供借鉴。

本书由“大爱之行”全国项目办公室组织编写，是一本包含社会工作项目管理全过程的工作指引手册，包括：社会工作项目的立项与招投标、项目管理与运作、项目督导、项目评估等，同时，提供“大爱之行”项目管理案例作为实践参考，梳理现行社会工作服务机构和社会工作项目实施有关法律法规汇总，希望从理论研究、实践案例和法律规范等角度，全方位提供社会工作项目管理指引。民政部社会工作司和李嘉诚基金会对本书出版提供了大力支持。

因时间仓促，书中若有疏漏不足之处，敬请广大读者谅解和指正。

# 目录

# 第一部分

# 政府购买社会工作服务的立项与招投标

根据《国家中长期人才发展规划纲要（2010—2020年）》（中发〔2010〕6号）[①]、《国家基本公共服务体系"十二五"规划》（国发〔2012〕29号）[②]、《关于加强社会工作专业人才队伍建设的意见》（中组发〔2011〕25号）[③]和《中华人民共和国政府采购法》[④]，民政部于2012年制定了《关于政府购买社会工作服务的指导意见（民发〔2012〕196号）》[⑤]。在党和政府的大力推动下，近年来社会工作服务机构如雨后春笋般兴起。民政部于2014年制定了《民政部关于进一步加快推进民办社会工作服务机构发展的意见（民发〔2014〕80

---

① 资料来源：http：//cpc. people. com. cn/GB/244800/244853/18135323. html

② 资料来源：http：//www. sda. gov. cn/WS01/CL0100/75210. html

③ 资料来源：http：//www. sdmz. gov. cn/zqc/articles/ch00418/201505/9791bfb8－7e50－4911－9d28－2b53b0421d5d. htm

④ 资料来源：http：//www. people. com. cn/GB/jinji/20020629/764316. html

⑤ 资料来源：http：//www. hgmz. gov. cn/zcfg/2014－05－22/501. html

号)》[1] 有力推动了民办社会工作服务机构的建设与发展。政府购买社会工作服务是政府职能转移的重要方式，也是政府与社会工作服务机构间的合作桥梁。对于社会工作服务机构而言，在完成了机构筹备、注册等工作后，我们就需要开始考虑有什么可做、怎么做、如何获得资金让机构得以运转和实现机构的愿景等。而政府购买社会工作服务项目也正是机构开展社会工作服务的重要来源。

立项与招投标意味着政府购买服务的开始。它是政府购买社会工作服务的第一步，同时这也是社会工作项目运作的第一步。本手册的第一部分将详细阐述什么是政府购买服务，以及政府购买社会工作服务的立项与招投标是如何进行的。

## 一、什么是政府购买服务

“‘公共服务’提供公共产品和服务，包括加强城乡公共设施建设，发展教育、科技、文化、卫生、体育等公共事业，为社会公众参与社会经济、政治、文化活动提供保障和创造条件。公共服务又分为维护性公共服务与社会性公共服务两种。政府所购买的公共服务主要是社会性公共服务，是政府

---

① 资料来源：http：//www.mca.gov.cn/article/zwgk/fvfg/shgz/201404/20140400622265.shtml。

通过转移支付和财政支持对教育、社会保障、公共医疗卫生、文化、科技、体育、环境保护、公共安全等社会发展项目提供的公共服务（田丰，2012）。”政府购买服务，简单地说就是一种“政府出资、定向购买、契约管理、评估兑现”的政府公共服务供给方式（田丰，2012）。将原先由政府承办、实施、提供的公共服务交给被选定的社会组织，通过政府出资购买，社会组织负责服务的运营、执行，并且双方约定一套对服务进行监督、评估的标准来对服务进行监督、评估。

## （一）政府购买服务的重要意义

### 1. 提高服务的效率和质量，使服务更有效地传递给有需要的人群

随着社会的发展，政府在提供社会服务方面的任务越来越重，提供社会服务的效率和质量也受到了明显的影响。现在将社会服务分一部分出去，由社会组织来提供服务，社会组织可以根据服务对象的特殊情况制定一份适合的服务计划，并由社会组织实施服务，这样的服务因人而异、因地制宜，因此能为服务对象提供更合适、更接地气的服务。

2. 实现服务型政府转型

政府让渡一部分管理空间给社会，通过购买服务的方式让社会组织参与社会管理，促进政社分离，实现服务型政府的转型。

3. 政府资金支持的作用

众所周知，资金是任何一个组织领导都无法回避的问题，目前的一般模式是：由政府出资，向社会组织购买社会服务，社会组织承接政府的项目，维持组织的运行。因此，政府的资金支持对于社会组织的发展壮大有着积极正面的作用。

## （二）政府购买的一般程序

| 步骤 | 类别 | 阐释 |
|---|---|---|
| 第一步 | 服务项目申报 | 购买主体根据服务需求拟定项目购买计划，呈报给民政部门审批 |
| 第二步 | 民政部门审批 | 民政部门对提交的项目购买计划进行综合审核，提出年度购买服务的数量、要求、规模等，并作出预算，呈报给财政部门审核 |
| 第三步 | 财政部门审核 | 财政部门根据当地经济与社会发展等情况，对民政部门报送的购买预算进行审批 |
| 第四步 | 实施购买 | 购买主体按照国家法律、法规及当地政府的具体规定，采取公开招标、邀请招标、竞争性谈判、单一来源采购、询价等方式进行采购 |
| 第五步 | 签订合同 | 按照要求与服务承接者签订合同 |

### （三）承接服务的社会组织应当具备的一般性条件

政府向社会组织购买服务，对承接服务者的资质有相应的规定，综合起来，包含这样几个方面（田丰，2012）：

| 序号 | 类别 | 阐释 |
|---|---|---|
| 1 | 依法成立 | 社会组织必须在中国取得合法的法人资格，有独立承担民事责任的能力 |
| 2 | 机构健全 | 社会组织结构健全、运转正常，有相应的组织制度、设备与人员配备，能保证工作的顺利开展 |
| 3 | 社会信誉良好 | 社会组织需遵纪守法，维护社会安全、统一及民族团结，不损害国家利益、社会公共利益及其他组织和公民的合法权益，且在社会中有良好的声誉 |
| 4 | 服务能力强 | 具备承接与提供社会服务的能力以确保服务的顺利完成 |
| 5 | 财务基础扎实 | 应当有一定的财务基础，在财务方面有良好的信誉和抗风险能力，且有独立的财务管理、核算、监督相关制度 |

## 二、如何立项与招投标

### （一）政府如何购买服务

政府采购通常使用的方式有：公开招标、邀请招标、竞争性谈判、单一来源采购、询价等。对社会工作机构的负责人而言，并不需要掌握每一种采购方式。就社会工作服务而言，需要了解公开招标、邀请招标和单一来源采购三种政府购买服务最常用的方式即可。

1. 公开招标

公开招标，是政府采购采用得最多的方式。公开招标，也被称为竞争性招标。为什么强调它是一个富有竞争性的方式，是因为只要符合条件的供应商都可以参与投标，所以会吸引大量的供应商投标，竞争非常激烈。简单地说，公开招标就是采购人或其代理人通过报刊、网络等媒体向社会公开招标，经过规定程序和标准择优选取最合适的中标者。政府通常会委托招投标公司来进行招标。

因为公开招标面向全社会所有符合条件的供应商，且过程公开、透明，易于被监督，招标人也更能挑选到令自己满意的供应商。因此，公开招标成了所有采购方式中使用最为广泛的一种。

2. 邀请招标

邀请招标，也称选择性招标，是一种有限制的竞争，在一个小范围内向某些供应商发出投标邀请。采购人或其代理人会事先对供应商进行了解，然后选出几个中意的供应商，接着便会向被选定的几个供应商发出投标邀请，只有收到邀请的供应商才能参与投标。

邀请招标相对于公开招标而言，投标者数量有限，竞争较小，因此容易滋生不公平等问题。根据2014年修订的《中华人民共和国政府采购法》第三章第二十九条，邀请招标需要符合下列条件之一[①]：

（1）具有特殊性，只能从有限范围的供应商处采购的。

（2）采用公开招标方式的费用占政府采购项目总价值的比例过大的。

按照规定，邀请招标的投标邀请需发给不少于三家的供应商。

一般来说，邀请招标不需要像公开招标那样发布招标公告，只需要将招标的信息发给被邀请者，因此节省了很多时间。因为招标人事前对供应商的情况已经进行了了解，所以，降低了招标的风险，周期也更快，节省了时间和费用。

3. 单一来源采购

单一来源采购是指对某一特定的商品进行采购，通常只有一个选定的供应商符合条件，因此也被称为直接采购，或定向采购，通常仅限定于对货物和服务的政府采购。

相比于公开招标和邀请招标，单一来源采购几乎没有竞争可言，因此也更容易滋生各种问题。根据2014年修订的《中华人民共和国政府采购法》第三章第三十一条，采取单一

① 资料来源：http：//www. sccnt. gov. cn/zcfg/flzcfg/201411/t20141107_16220. html

来源采购的方式进行采购需满足下面几个条件之一①：

（1）只能从唯一的供应商处采购的。

（2）发生了不可预见的紧急情况不能从其他供应商处采购的。

（3）必须保证原有采购项目一致性或服务配套的要求，需要继续从原供应商处添购，且添购资金总额不超过原合同采购金额百分之十的。

为了加强对单一来源采购的监督，采购之前需要发布招标公告，公告中需对所购买的服务或商品的内容、选择单一来源采购的原因进行说明，如果有异议，采购人应当在公告期满后进一步地解释、论证；若异议成立，此次单一来源采购便被驳回，采购人只能另择他法。

4. 几种方式的比较

| 类别 | 定义 | 特点 |
|---|---|---|
| 公开招标 | 公开发布公告，选定供应商 | 公开、透明、异于监督、极富竞争性 |
| 邀请招标 | 事先调查，发布招标邀请，选定供应商 | 参与者少、省时、省钱、低风险，低竞争性，不易被监督 |
| 单一来源采购 | 对特定商品的采购 | 无竞争性，易产生不公平的问题 |

① 资料来源：http：//www. sccnt. gov. cn/zcfg/flzcfg/201411/t20141107_16220. html

## （二）机构如何承接项目

知道了政府购买服务的几种常见方式，那么这几种方式分别以什么样的程序进行，机构承接项目需要经历哪些步骤，接下来针对这几种方式来一一说明。

1. 公开招标

当招标人决定就某服务向社会以公开的方式招募供应商时，宣传是第一步。让供应商们知道有这样一个项目的方法就是通过报刊、网络等媒体，广泛地向社会发布招标信息。你可以多看看本地政府采购中心的网站、本地的社区服务网站，或者是一些招投标公司的网站，注意随时浏览发布的招标公告，了解该项服务和招投标的相关内容。

下面是一份广州市某单位购买家庭综合服务项目的招标公告。

### 广州市××区××街道办事处家庭综合服务采购项目（招标公告）

××招标采购有限公司受××的委托，对广州市××区××街道办事处家庭综合服务项目进行公开招标采购，欢迎符合条件的供应商参加投标。现将该项目采购文件进行公示，期间为自2015年2月18日至2015年2月29日5个工作日。

采购项目编号：0000－00GZ00000000。

采购项目名称：广州市××区××街道办事处家庭综合服务采购项目。

采购方式：公开招标。

政府采购品目编号：×0000（街道、社区社会工作服务）。

服务期限：3年。

采购预算：人民币600万元。

项目内容及需求：（采购项目技术规格、参数及要求）。

采购内容

服务项目：××街道家庭综合服务。

服务时间：自签订合同起为期三年，一年一签。

采购预算：人民币200万元/年，人民币600万元/3年。

最低服务工时量：1年工时：27440小时；3年总工时：82320小时。

说明：本市每个家庭综合服务中心项目每年定额投入200万元，一般要求项目团队配备20名工作人员，其中相关专业人员至少14名（包括社会工作者10名及相关专业人员4名），故招标文件要求的年度服务工时只计算14名相关专业人员真正的专业服务总工时（包括间接服务工时和直接服务工时）为27440小时，最高不得超过项目年度专业服务总工时27440的110%，即30184小时，最低不得低于项目年度专业服务工时27440小时，否则视为无效投标。

服务要求：详见招标文件《服务项目内容》。

项目类别：服务类。

供应商资格：

(1) 具备《中华人民共和国政府采购法》第二十二条资格条件。

(2) 投标人必须是具备独立承担民事责任能力的、在中华人民共和国境内注册的法人或在民政部门登记的从事社会工作服务的民办非企业单位。

(3)《公平竞争承诺书》原件和提供人民检察院出具的《无行贿犯罪档案记录证明》复印件。

(4) 本项目不接受联合体投标。

(5) 符合资格的供应商应当在2015年2月17日起至2015年3月12日期间（办公时间内，法定节假日除外）到××招标采购有限公司购买招标文件。招标文件每套售价200元（人民币），售后不退。采购代理机构只接受报名购买本项目招标文件供应商的投标。

投标人必须携带上述相关资料原件及复印件加盖公章到我司购买招标文件。

符合资格的供应商应当在2015年02月17日起至2015年03月12日期间（工作日上午9：00~12：00和下午14：00~17：00时，法定节假日除外）到××招标采购有限公司（详细地址：广州市××路××号）购买招标文件。招标文件每套售价200元（人民币），售后不退。

投标截止时间：2015年3月13日（星期五）上午9：30。

投标文件递交地点：广州市××路××号。

开标评标时间：2015年3月13日（星期五）上午9：30。

开标评标地点：广州市××路××号。

采购代理机构联系人：张三　采购人联系人：李四

电话：020－00000000　电话：00000000

传真：020－00000000　传真：00000000

联系地址：广州市××路××号　联系地址：广州市YY路YY号

邮编：510000　邮编：510000

开户银行：中国××银行广州市××支行

账号：×000000000000000000

××招标采购有限公司
二〇一五年二月十七日

你所需要的关于投标的所有信息都会详细地列在招标公告中：采购项目的基本资料、供应商资格、获取招标问价的方式、开标评标的地点和日期等。如果你的机构对这个项目感兴趣，并且达到招标公告中对供应商资格的要求，你需要在规定的时间，到规定的地点购买招标文件；然后按照招标文件中的要求，设计好服务计划，做好预算；再按照招标公告中给出的地址在规定时间内递交投标文件；接着便是等待开标评标；如果成功中标，就可以与招标人签订采购合同了。

以下流程图，可以帮助你清楚了解公开招标的一般程序。

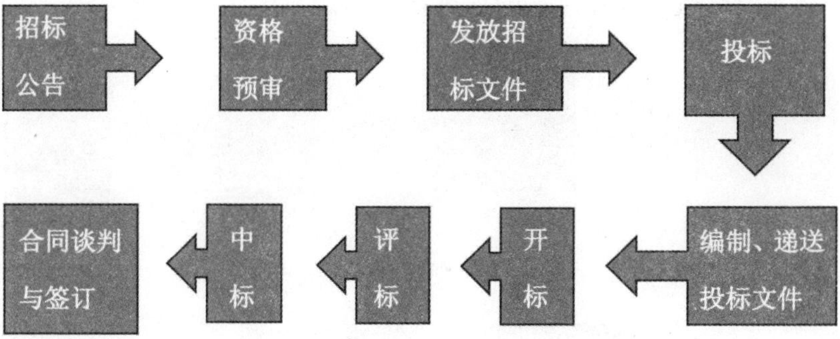


2. 邀请招标

如果你收到了采购人的招标邀请，不用参加竞争如此激烈的公开招标，那你需要做的事情与公开招标会有稍稍的不同。

招标人会事先对有意向的供应商进行详细的了解，在确认符合条件之后，他们会准备好招标文件。招标文件大致包括投标邀请书、投标人须知、合同、投标文件格式等。为了保证一定的竞争性，也为了招标人能在小范围内选出最满意的供应商，按规定，招标人会向不少于三家有资质的投标人发布投标邀请书，招标人有义务对邀请者信息进行保密。投标人确认参与投标之后，即按照招标人的要求领取招标文件，缴纳投标保证金，并按要求提交相应文件。然后招标人会对投标人提交的文件进行审查，之后便是开标。接着由评标委员会进行评标，选定中标人，并与其签订合同。

邀请招标的流程一般如下图这样。

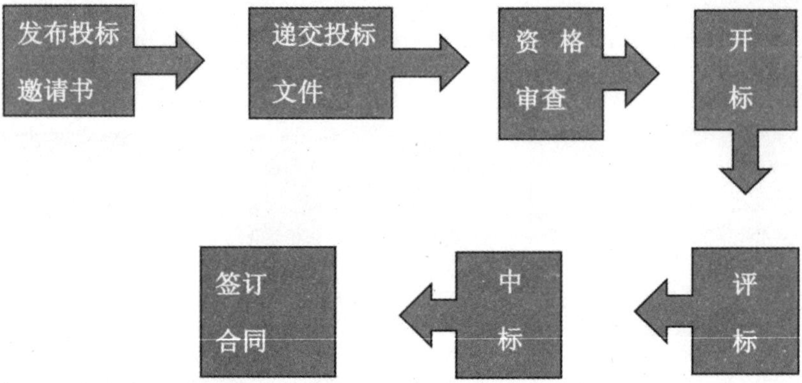


3. 单一来源采购

单一来源采购需要符合上文提到的几个条件，当符合单一来源购买条件时，采购人方可申请以单一来源采购的方式进行采购。省去了招投标的开标、评标等环节，单一来源采购相比之下比较快捷。

当单一来源采购的申请被批准之后，需成立谈判小组。

谈判小组必须由三人以上、总数为单数的人数组成，且其中行业专业家人应为总人数的三分之二以上，同时采购方应派出自己的成员加入到谈判小组中。接着谈判小组会向供应方发出谈判邀请。待谈判达成一致结论时，由采购人对谈判结果进行确认并审核。然后，供应方需缴纳一定金额的保证金。最后，签订合同，并将整个过程中的资料进行整理归档。

一般来说，单一来源采购将经历以下几个步骤。

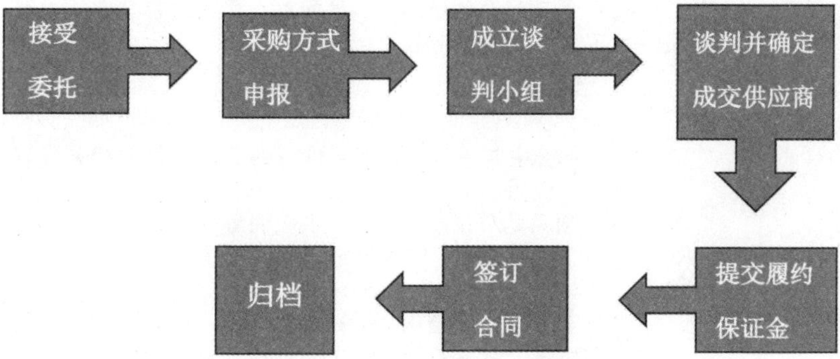


这里以一个例子来说明单一来源采购的具体流程：

××市××区××街道××局将采购一事委托给 AA 工程咨询有限公司来负责。

当确定此次采购符合单一来源采购的条件后，AA 工程咨询有限公司向某机构发出了《单一来源采购谈判文件》。文件的主要内容参照下表：

| 序号 | 类别 | 阐释 |
| --- | --- | --- |
| 第一部分 | 采购邀请函 | 1. 介绍此次采购由××局委托AA工程咨询有限公司作为代理人，向××市××区BB社会工作服务中心发出正式的采购邀请<br>2. 解释了本次采购采取单一来源采购的方式进行的原因<br>3. 对获取谈判文件的方式、文件售价、谈判时间与地点、联系方式等进行说明 |
| 第二部分 | 采购项目内容 | 1. 对供应商应具有的资质进行阐释<br>2. 对项目情况、项目目标、项目需要、采购项目商务要求等进行说明<br>3. 对项目总体指标、人员配备、评估内容与方式进行了十分详细的介绍 |
| 第三部分 | 谈判须知 | 这部分主要是对接下来要进行的双方谈判的相关事宜进行说明<br>1. 对采购单位及其代理、供应商等在谈判中会涉及的概念与对象进行明确界定，并说明了中标服务费的金额与支付方式<br>2. 列出谈判邀请函、采购项目内容、谈判须知、合同书格式、单一来源响应文件格式、采购代理人发出的修正和补充文件等内容的谈判文件。其中，对单一来源响应文件的编制要求和装订要求、文件递交方式、谈判报价要求、谈判保证金及支付方式都有详细的说明<br>3. 本部分还指出，如果供应商对文件内容有不清楚的地方，可以在递交响应文件的截止日期之前，向采购代理人提出书面的澄清申请，采购代理人会以书面形式答复响应商，必要时还会召开专家答疑会<br>该部分还对谈判程序及内容进行了说明<br>(1) 由供应商对响应文件中未作出实质性响应的地方进行解释 |

续表

| 序号 | 类别 | 阐释 |
|---|---|---|
| | | (2) 谈判小组会与供应商就技术、商务、合同条款等内容进行一轮或多轮的谈判，并对响应条款作出商讨一致之后的修改。谈判结束之后，由响应供应商作出最终报价<br>(3) 由谈判小组确定出成交供应商。如果供应商对采购过程有质疑，可以向采购代理人提出质疑，采购代理人需依法给出答复。若无质疑，成交供应商便可以在收到成交通知书后与采购人签订政府采购合同 |
| 第四部分 | 合同书格式 | 合同书中包含采购人与供应商信息、采购金额与支付方式、服务年限、项目内容、双方权利义务，以及发生违约或其他突发事件的解决方式等 |
| 第五部分 | 响应文件格式 | 这个部分提供响应文件的空白文件与资料清单，其中包含供应商需要提供的所有文件格式与文件密封袋封面样板 |

《单一来源采购谈判文件》基本包含了你所需要的所有信息。当你收到文件之后，按照要求递交文件、进行谈判、给出报价、签订合同、归档，接下来就是实施服务了。

政府购买服务的过程简单来说就是购买主体将购买计划交给相关部门审核，审核通过之后再交给相应的部门进行其他处理，待所有准备工作完成之后，再采用公开招标、邀请招标、单一来源购买等方式进行采购。现在，你已经大概明白了政府购买服务的常用方式。另一个需要你关心的重要问题就是如何运作以及管理项目。在接下来的部分中，我们会详细地进行讨论。

# 第二部分

## 社会工作服务项目管理与运作

在一个项目立项后，我们就该想想这个社会工作服务项目应该做些什么了。社会工作是一项运用科学的方法进行助人服务的活动。因此，我们在社会工作服务项目开展前必须考虑到服务对象有何需要，我们的社会工作服务项目又该如何回应服务对象的这些需要。在此，我们从专业及实操的角度向大家介绍开展需求评估与项目方案设计的方法。此外，在此部分我们还将介绍机构的筹资知识和技巧。

## 一、社会工作服务中的需求评估如何开展

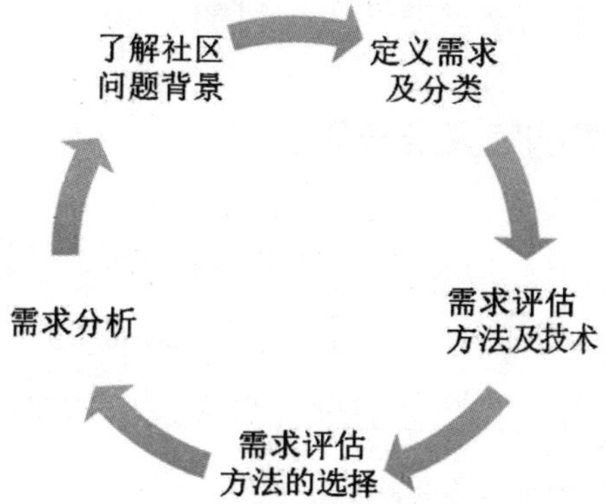

### （一）了解社区问题背景

识别社区问题的一个明显标志和重要阶段就是居民或社区团体对于该问题的觉醒（awareness），社区内的大量居民意识到某些情境或状况是需要改变的，或是当“个人的不满”已扩大至“广泛地受到关注”（梁伟康，2012）。而这个共同关注的社区问题才更有可能得到改变，一些计划才更容易去实施和推进，并且最终尝试解决这一问题。

社区问题的成因和影响因素是多元的，作为机构的主管在运作服务项目之前必须深入地研究社区的背景以及收集相关的事实资料，以便辨别出导致社区问题的重要因素。同时，对于该问题还需要深入研究文献，并与有该领域服务经验的人士一同探讨，了解这问题属短暂性还是持续不断，是局限于少数人还是影响广泛的，在社区里谁去界定这问题的存在，这问题是存在于个人和家庭还是与“地位”和“权力分配”有关。上述问题都是需要深入探讨的。

### （二）需求的定义及分类

需求（needs）区别于“欲求（wants）”和“喜好（preference）”，需求往往是对于我们来说必需的、基本的。需求可区分为个人需求和社会需求，当多数个体皆有相同需求时，个人需求即转变为社会需求。

Bradshaw（1972）提出了需求的分类，包括规范性需求（normative need）、感受性需求（felt need）、表达性需求（expressed need）和相对性需求（relative need）。这一分类在社工实务工作中较为实用，较有可能做准确性的测量或分析。四类需求的具体定义和适用范例如下表所示。

| 需求类型 | 定义 | 范例 |
| --- | --- | --- |
| 规范性需求 | 专业人士或规范来界定的需求，亦即是以一种标准、规范或判准来对需求做评量或评估 | 社区中住在未达标准住宅的人数，而此一标准由政府界定 |
| 感受性需求 | 人类某些需求评估可透过案主的感受做评估而获得，在社工服务部分大体可对案主人口群做生活部分、人格部分、生涯部分的评估 | 在社区调查中，自认健康不佳的人数<br>如创伤后压力症候群测量量表、案主个人人格测量、价值观与人生观的问卷测量等 |
| 表达性需求 | 针对案主所表达的需求内容或项目做评估 | 社区中正在等候接受家庭咨商的人数 |
| 相对性需求 | 经过上述的调查与评估过程后，应可再以区域正义、人口群体比较、垂直分配比较或平行分配比较等各种观点，来测量需求 | 与乙社区相较，甲社区中已安置于庇护所的游民比例 |

## （三）需求评估的方法及技术

界定了需求及其分类之后，就进入到需求的评估、评量阶段。需求评估是指在社工服务项目中，测量需求的种类及范围，并且在项目前期及执行期间进行观测（Preedy & Watson，2010），是评估研究人员或项目利益相关者对特定情形下，社会项目目标群体需要状况的一种分析和判断（方巍、张晖、何铨，2010）。需求评估实质上是对于项目的目标群体及其需要的一种认识，同时也是目标群体对于项目服务内容认可程度的判断，并且这种需求分析过程从服务前期开始并且延续至服务结束。基于上述的需求分类以及需求评估的特性，主要有以下的一些需求评估的方法和技术。

1. 运用现有研究资料进行估计

在进行需求评估时，二手或次级资料的价值也不容忽视。这些研究资料不仅有用，而且在时间和资源有限时，这些研究成果往往能够提供最有效果和最具效率的需求评估策略。这些现有的研究资料包括国家、政府调查统计所发布的研究成果、特定领域或相关议题的研究发现等，这些定期的测量被称为社会指标，能够从多个方面为评估社会问题和需求提供重要的信息。虽然对于需求评估仍会有一些限制，但对于规范性需求的界定能够提供借鉴作用。

2. 对现有需求的资源进行盘查

需求的资源盘查在于分析服务的目标人群，明确在服务范围内可以运用的资源情形：

（1）供给者：谁可以提供服务？

（2）服务地点：在哪里提供服务？

（3）服务内容：提供什么样的服务？

（4）服务容量：提供多少服务？

（5）服务资格：受什么样的服务资格限制？

这是基于服务社区的供给面来做的分析，虽然不一定能显示需求面，但却可能发现需求在当地的特性，以及被满足的情况，有利于在新的服务中避免资源与需求的脱节，更有效地利用资源。

3. 通过定量调查研究进行分析

在需求评估的方法中，社会调查方法的使用更能够体现证据为本的社会工作实践的理念，并且也是更为强有力的评量需求的方式。社会调查主要有两个重点：一是确认受访者对需求的感受，从而详细地描绘出目标人群的有用的信息，使需求更加明确和清晰；二是对现有服务状况的了解，能够显示使用服务在资金、区位空间或心态上所遇到的障碍。主要社会调查方法包括问卷、量表、实验手段的工具，通过邮寄问卷、电话调查和面访的调查技术收集数据和材料，然后对定量资料进行系统的审核、整理、归类、统计和分析。

4. 采用定性研究方法获取资料

前面提及的定量方法能够较为客观地呈现出需求的现状，而定性研究的方法能够针对某些特定的需求或问题获取更为详尽而结构化的资料。

（1）专题小组

专题小组作为定性研究方法里面的一种，能够获取某一社会问题的具体资料。具体的操作方式一般是在一个主持人的组织下，把一些事先选定的人召集起来讨论一个特定的问题或主题，对该主题的本质和差异以及经历此问题群体的服务需求提供大量描述性资料。

（2）知情者调查

主要知情者调查能够对社会问题的严重性和重要程度进行估算。识别主要知情者的一个有效的方法是滚雪球抽样，通过最初的几个知情者联系他们认为对研究问题很熟悉的其他知情者，这些知情者群体是项目的现有对象和新项目的潜在对象，对问题的特点和需求有较为深入的了解。

（3）社区会议

社区会议，或称公听会也是需求评估的一个方式，通常以公开会议的方式进行，邀请目标社区或地域的民众参与，并由与会者提出与需求相关的意见。社区会议最大的好处在于符合了民主的决策过程，并且为居民提供社会参与和发声的途径，同时也能够澄清需求相关议题，但策划者需要在举办社区会议之前做较多的准备。

### （四）需求评估方法的选择

Jack McKillip（1984）提出了评量各种需求评估方法的优劣的准则，主要包括：

（1）成本低的。

（2）时间短的。

（3）所需的技巧。

（4）灵活的。

（5）问题导向。

（6）解决导向。

（7）相关性。

（8）可靠性。

（9）详尽。

（10）意见产生。

（11）先决条件。

（12）重叠。

每一个原则的表征将基于 1～5 分量度（－－，－，0，＋，＋＋）（梁伟康，1990），评估如下表所示。机构决定使用哪种评估方式来收集需求的资料时，应留意每种方法的独特性和偏见，采用不同的需求评估方法能够更准确地了解社区的需求。如调查方法在运用资源所需的技巧和分析过程的灵活性上的优势比较明显，但是成本上消耗较大。在选择恰当的需求评估方法时可参考下表的各种方法的特性，也可以根据不同方法的优劣相互配合进行需求评估。

| 需求评估方法 | 资源 | | | 分析 | | | | | | | 与其他方法之适合性 | |
|---|---|---|---|---|---|---|---|---|---|---|---|---|
| | 成本低的 | 时间短的 | 所需的技巧 | 灵活性 | 问题导向 | 解决导向 | 相关性 | 可靠性 | 详尽 | 意见产生 | 先决条件 | 重叠 |
| 社会指标分析 | + | + | − | + | + | 0 | + | ++ | − | − | −− | + |
| 调查方法 | −− | − | ++ | ++ | + | − | − | + | 0 | 0 | − | + |
| 社区会议 | + | 0 | + | + | + | − | 0 | 0 | − | − | + | + |
| 重要提供消息的人 | − | − | + | ++ | ++ | + | 0 | + | + | ++ | − | + |
| 名义小组方法 | + | 0 | − | 0 | + | ++ | 0 | 0 | + | ++ | − | + |
| 现存的统计资料 | ++ | + | − | ++ | + | + | + | + | + | − | −− | + |

## （五）需求分析的步骤

机构服务的策划者和提供者在了解社区背景并且进行需求评估之后，更重要的是进行需求分析，明确社区的问题和需求，厘清社区目前的资源情况和服务目标、受益人群等，能够使得服务的进行更有方向性。

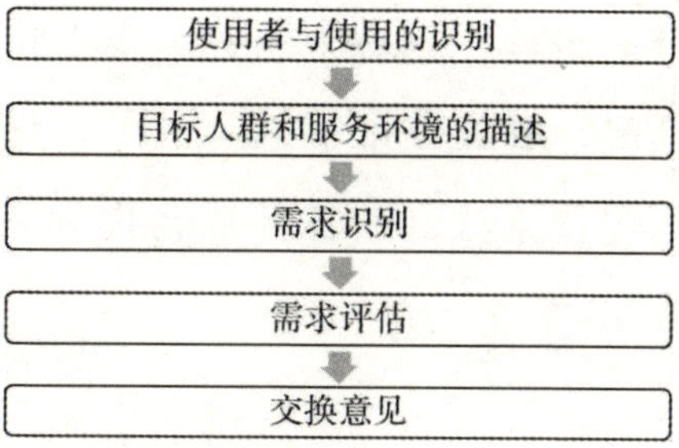


1. 使用者与使用的识别

评估的使用者是那些以结论为基础办事的人和受分析影响的对象。这两类人的加入为分析和建议的实施提供了便利，知晓需求分析的效用能够帮助研究者集中关注他们所思考的问题和解决方案，但在一定程度上也会影响到后续需求问题的辨别和方案的设计。

2. 目标人群和服务环境的描述

地理分布、交通、目标人群的人口统计特征（包括承受力）、资格限定和提供服务的能力都是重要的。各种社会指标通常用来直接或经推算间接描述目标人群。详细记录可以利用的服务资源清单，能够发现各种服务与补充的以及竞争的项目之间的差距。比较那些想用各种服务的人群与目标人群，能够发现目标人群中未满足的需求和阻碍解决方案实施的障碍。

3. 需求识别

这里描述的是目标人群中存在的问题和可能的解决方案。

通常会应用多种信息源，识别中应包括以下信息：对结果的预期；目前的产出；解决方案的效力、可行性；解决方法的利用。通常使用多种方法，如各种社会指标、调查、公共论坛和直接观察等。

4. 需求评估

一旦问题和解决方案被确认，就需要将其综合起来分析以提出建议、指导行动。在过程中可运用定量与定性的综合方法。这个过程越明确、越公开，结论被接受和实施的可能性就越大。

5. 交换意见

最后，需求分析的结论必须在决策者、使用者和其他相关对象之间交流。

需求分析能够帮助策划者和服务者更加明确服务的目标以及社区需求，使得服务方案的设计更具有针对性和指向性。

## 二、社会工作服务项目的方案设计

在社会工作服务项目的方案设计中，项目发展的逻辑模式（PDLM）是一个能给我们带来启发的理论及实践模式。下面我们将以此为基础向大家介绍如何进行项目的方案设计以及制定项目的年度计划。

### （一）项目发展的逻辑模式

在承接了一个新项目的时候，我们可能常常会问，应该从何处入手来设计项目的服务方案？社区需求多元而复杂，而社会工作者却只有有限的人力、物力和财力，我们应该如何设计一个切实可行的服务方案？

为了回应以上的问题，服务策划者可以使用项目发展的逻辑模式（PDLM）这一社会工作服务项目管理中常用的模型作为框架进行项目服务方案的设计。项目发展的逻辑模式（Program Development Logic Models，简称 PDLM）是贯穿社会工作服务项目设计施和评估的各个过程，并强调项目的资源投放与成效间逻辑关系的项目管理模式。它不仅为项目管理者在项目管理中提供了一个可视化的图像和清晰的逻辑框架，同时亦为项目工作人员、资助方和相关持分者提供一个沟通的桥梁。

如下图[①]所示，在项目发展的逻辑模式框架（PDLM）中主要包括处境分析（Situational Analysis）、确定优先处理的问题（Priority Setting）、假设/理论基础（Assumptions）、外在环境因素（External Factors）、资源投入（Inputs）、产出（Out-

① 资料来源：UW Cooperative Extension Program Development & Evaluation（http：//www. uwex. edu/ces/pdande）

**项目发展的框架（Program Development）**

**计划—执行—评估（Planning-Implementation-Evaluation）**

**逻辑模式（Program Action-Logic Model）**

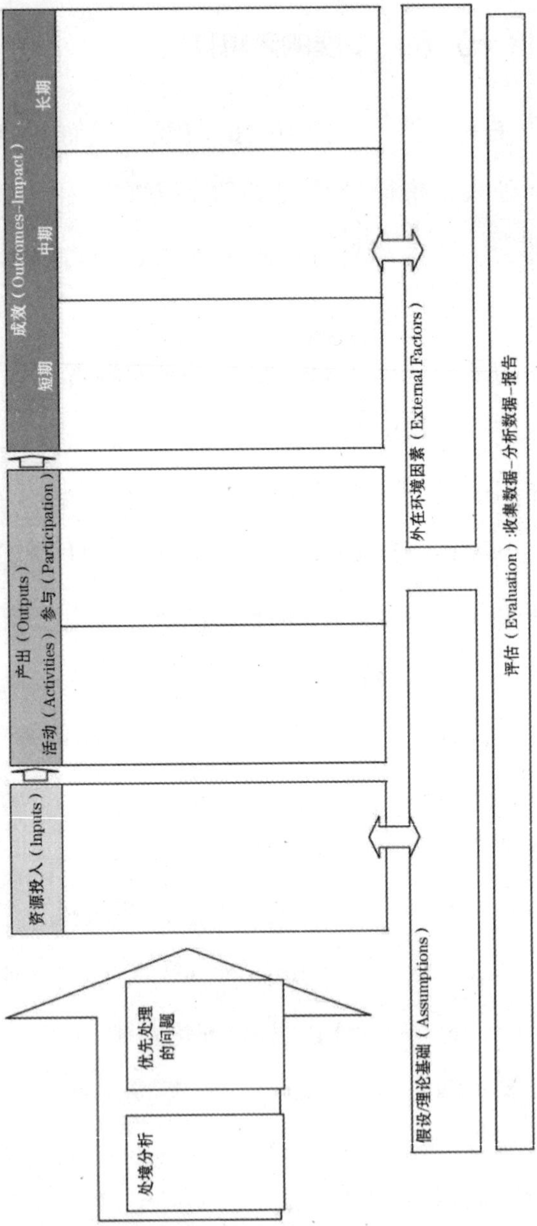

puts）、成效（Outcomes – Impact）和评估等八个部分。

在此，我们将主要介绍如何进行处境分析，确定处理问题的优先次序，并订立成效（服务目标）。

## （二）问题分析

在项目方案设计前，服务策划者首先需要对所要解决的问题进行透彻的分析，包括处境分析（Situational Analysis）及确定优先处理的问题（Priority Setting）。

1. 处境分析（Situational Analysis）

处境分析是指活动和服务推行时的状况和背景因素，即社会工作介入时对社区问题的理解和需要的分析，这些分析是项目方案设计的依据和基础。要正确地界定社区问题，我们必须回答下列最基本和重要的五个问题[①]，以便能更精确地找到问题的性质。这些问题是：

（1）那是什么问题？（What is the problem?）

（2）这问题在哪里存在？（Where does it exist?）

（3）哪些人会受到这问题的影响？（Who is affected by it?）

（4）这问题何时发生？（When does it occur?）

（5）这问题蔓延/恶化现象引起社区人士关注的程度怎么

---

① 本方法引自梁伟康著，2012 年，《成效管理：非营利社会服务组织全面实践策略》P53，香港：非营利组织卓越管理有限公司。读者可查阅此书了解更多评鉴社区问题、识别问题要素的具体方法。

样？（To what degree is it felt?）

由此，我们可以列出问题识别工作表来分析社区的问题。例如：

| 提问的基本问题 | 问题识别项目 |
| --- | --- |
| 那是什么问题 | 居家老人被虐待的数目不断增加，过去三年内每年平均增加 20% |
| 这问题在哪里存在 | ××区的老城区 |
| 哪些人会受到这问题的影响 | 7000 名社区中行动不便及依靠家人照顾的长者 |
| 这问题何时发生 | 在过去三年内虐老问题不断增加 |
| 这问题蔓延/恶化现象引起社区人士关注的程度怎么样 | 家庭综合服务中心/长者综合服务中心处理的虐老个案已经增加 75% |

2. 确定优先处理的问题（Priority Setting）

由于政府和社会工作者的资源和时间均较为有限，在面对众多的社区问题和需要的时候，我们必须对问题进行罗列，并确定问题处理的优先次序。我们可以从社区问题的“重要性”和成功解决问题的“可能性”两个方面作为标准来协助我们确定处理问题的优先顺序。[①]

判断社区问题的重要性的参考标准包括：

① 本方法引自梁伟康著，2012 年，《成效管理：非营利社会服务组织全面实践策略》P61，香港：非营利组织卓越管理有限公司。

**初步的检讨社区问题的重要性和成功解决问题的可能性**

- 初步地检视各社区问题事件
- 首先列出一些基本准则以判断社区问题的重要性和成功解决问题的可能性
- 然后协助服务策划者决定问题的优先顺序

（1）有多少社区居民受这社区问题所影响。

（2）解决此问题对组织的生存或发展的重要性如何。

（3）这社区问题对整个社区产生何种影响。

（4）对那些接受组织所提供服务的人而言，这社区问题的重要性有多大。

判断成功解决问题的可能性主要的标准包括：

（A）组织成员预计成功解决问题的承诺得以兑现的程度如何。

（B）其他有关机构/政府部门的支持程度如何。

（C）可运用的资源，包括社会工作者、义工、时间、金钱有多少。

（D）可运用的“技术性知识”有多少。

（E）这问题在社区里受关注的程度如何。

（F）大众传媒对解决这问题的支持程度如何。

服务策划者在确定处理问题的优先次序时，必须对上述标准详加考量，并可能因问题的特殊性而对以上参考标准作出修订。现假设某间老人服务中心内有 4 位社会工作者作为小组成员，共同决定将已知道的老人问题排列其优先次序，用数字“1”至“5”表示。“1”表示其“重要性”或“可能性”最低，而“5”表示最高。小组成员皆要给予每项准则一个分数，最后则统计每个社区问题的所有得分并排序，则可得知各社区问题的优先次序。

由下表[①]的结果显示出“老人在家里被虐待”这一社区问题被该小组成员排列为最优先解决的问题，其次是“老人遭遗弃在街上”的社区问题，再其次是“老人患病死亡增加”的问题。

| 社区问题 | | 社会工作者 | 老人在家里被虐待 | 很多单身老人居住条件狭小 | 老人遭遗弃在街上的个案在过去一年里增加10% | 老人因疾病而死亡在过去一年里增加10% | 在过去一年内“主要护老者”患有精神病的个案增加25% |
|---|---|---|---|---|---|---|---|
| 判断社区问题的重要性 | 标准1：居民受此问题所困扰 | 甲 | 3 | 2 | 3 | 3 | 3 |
| | | 乙 | 4 | 2 | 4 | 2 | 2 |
| | | 丙 | 4 | 3 | 3 | 3 | 3 |
| | | 丁 | 3 | 2 | 4 | 3 | 2 |

① 本方法及案例引自梁伟康著，2012年，《成效管理：非营利社会服务组织全面实践策略》P62，香港：非营利组织卓越管理有限公司。读者可查阅此书了解“名义小组方法”等更多方法。

续表

| 社区问题 | | 社会工作者 | 老人在家里被虐待 | 很多单身老人居住条件狭小 | 老人遭遗弃在街上的个案在过去一年里增加10% | 老人因疾病而死亡在过去一年里增加10% | 在过去一年内"主要护老者"患有精神病的个案增加25% |
|---|---|---|---|---|---|---|---|
| 判断社区问题的重要性 | 标准2：解决此问题对机构的存在价值 | 甲 | 4 | 2 | 3 | 3 | 1 |
| | | 乙 | 4 | 2 | 3 | 2 | 2 |
| | | 丙 | 3 | 2 | 2 | 2 | 1 |
| | | 丁 | 5 | 2 | 3 | 3 | 1 |
| | 标准3：问题对社区的影响 | 甲 | 5 | 3 | 2 | 3 | 2 |
| | | 乙 | 4 | 4 | 3 | 3 | 1 |
| | | 丙 | 4 | 3 | 2 | 2 | 2 |
| | | 丁 | 5 | 2 | 2 | 2 | 1 |
| | 标准4：服务使用者认为问题的重要性 | 甲 | 5 | 3 | 3 | 3 | 1 |
| | | 乙 | 5 | 3 | 4 | 3 | 1 |
| | | 丙 | 5 | 2 | 5 | 3 | 2 |
| | | 丁 | 5 | 2 | 4 | 3 | 2 |
| 判断成功解决问题的可行性 | 标准A：预计可解决此问题之承诺得以兑现程度 | 甲 | 5 | 2 | 4 | 2 | 2 |
| | | 乙 | 4 | 2 | 3 | 3 | 2 |
| | | 丙 | 4 | 2 | 4 | 4 | 2 |
| | | 丁 | 4 | 3 | 4 | 3 | 1 |
| | 标准B：其他有关机构/政府部门的支持程度 | 甲 | 5 | 2 | 4 | 3 | 1 |
| | | 乙 | 5 | 3 | 4 | 3 | 2 |
| | | 丙 | 5 | 2 | 5 | 3 | 1 |
| | | 丁 | 5 | 3 | 4 | 2 | 1 |

续表

| 社区问题 | | 社会工作者 | 老人在家里被虐待 | 很多单身老人居住条件狭小 | 老人遭遗弃在街上的个案在过去一年里增加10% | 老人因疾病而死亡在过去一年里增加10% | 在过去一年内“主要护老者”患有精神病的个案增加25% |
|---|---|---|---|---|---|---|---|
| 判断成功解决问题的可行性 | 标准C：机构可运用的资源 | 甲 | 4 | 3 | 3 | 3 | 1 |
| | | 乙 | 4 | 3 | 2 | 3 | 1 |
| | | 丙 | 4 | 2 | 4 | 3 | 1 |
| | | 丁 | 5 | 3 | 4 | 2 | 1 |
| | 标准D：机构可运用的技术性知识 | 甲 | 4 | 3 | 3 | 3 | 1 |
| | | 乙 | 5 | 2 | 4 | 3 | 2 |
| | | 丙 | 4 | 3 | 3 | 3 | 1 |
| | | 丁 | 4 | 2 | 4 | 2 | 1 |
| | 标准E：此问题在社区里受关注的程度 | 甲 | 5 | 3 | 4 | 3 | 1 |
| | | 乙 | 5 | 3 | 5 | 4 | 2 |
| | | 丙 | 5 | 4 | 4 | 3 | 2 |
| | | 丁 | 5 | 4 | 4 | 3 | 2 |
| | 标准F：传媒对解决这问题的支持度 | 甲 | 5 | 4 | 5 | 4 | 1 |
| | | 乙 | 5 | 4 | 5 | 4 | 2 |
| | | 丙 | 5 | 3 | 4 | 4 | 2 |
| | | 丁 | 5 | 3 | 3 | 3 | 2 |
| 总分 | | | 178 | 106 | 141 | 116 | 62 |
| 优先顺序 | | | Ⅰ | Ⅳ | Ⅱ | Ⅲ | Ⅴ |

## （三）订立成效（服务目标）

在进行了处境分析和确定解决问题的优先次序后，我们已经明确了项目要满足服务对象哪些需要，以及要着重解决哪些问题。那么，我们就要继续订立项目所要达到的成效。

1. 两组重要的概念：成效与产出；短期、中期和长期成效

（1）成效与产出

我们在订立目标与成效的时候，往往容易混淆“产出”（Output）和“成效”（Outcome），将“产出”误以为是“成效”。所谓产出（Output）是指为达到项目成效，向服务对象所提供的活动或服务。而成效（Outcome）则是指活动和服务为个人、家庭、小组、社区带来的益处和效果。例如：

| 产出—活动 | 成效 |
| --- | --- |
| 项目为社区志愿者提供培训 | 社区志愿者掌握服务边缘青少年的知识和技巧 |
| 社会工作者邀请专家为低收入家庭开展一次理财知识讲座 | 参加讲座的低收入家庭掌握理财知识，并能够更好地进行理财 |
| 社会工作者为50名高中生提供了为期5天的青少年领袖训练营 | 50名高中生在训练营中学习到新的领袖和沟通技巧 |

“产出”回应“我们做了什么”的问题，而“成效”则是在回应“我们所做的给服务对象带来怎样的益处、效果与不同”的问题。

（2）短期、中期和长期成效

逻辑模式的成效分为短期、中期和长期三个的不同时期。所谓短期成效是指参加者能掌握有关的知识、态度和技巧，

并引发他们对某课题的觉醒和关注，以增加他们对某课题关注的动机和改善的期望；中期成效是指参加者能就有关课题作出具体行动或行为的转变；而长期成效则是指参加者持续实践所学习的，并将它持之以恒，所带来整体的转变和深远的影响。

例如，“青少年学习领导和沟通技巧”是一个短期的成效。在逻辑模式中，学习是一个短期的成效。我们的假设是知识的学习和认知的改变是行为改变和行动发生的前提。而“青少年运用新的领导和沟通技巧于活动中”则属于中期成效。它反映了青少年不仅仅学习到了新的技巧，而是将其运用到实际的生活当中。但是，此时我们仍然不知道具体运用这些技巧给团队合作带来哪些改变。最后，“青少年在团队合作中的冲突次数减少”则是长远的成效，它反映了服务对象真实的改变和受益。上述成效示例说明了一个夏令营活动给青少年领导力提升带来的成效，包括青少年学习到新的技能、应用到实际的工作中并给实际的工作带来的益处。

2. 订立成效的操作框架

首先，在订立成效前，我们需要考虑项目中有哪些人员会参与成效的订立。这些人可能包括社会工作者、服务对象、其他相关人士（如资助方）等。我们在此整理了不同人员参与成效订立时可能考虑问题的清单，供项目管理者参考。

| 社会工作者 | 服务对象/参加者 | 其他相关人士 |
| --- | --- | --- |
| 1. 我们想透过项目给服务对象/群体/社区带来什么不同的变化<br>2. 社会工作者能做什么<br>3. 我们所持守的价值是什么<br>4. 我们希望给服务对象带来什么益处和改变 | 1. 服务对象为什么会来<br>2. 他们希望发生什么<br>3. 他们期望获得什么 | 1. 资助方的期望是什么<br>2. 同类项目的经验有哪些<br>3. 服务对象正在获得哪些服务 |

同时，我们也提供一个成效表述的格式，供大家在撰写成效时作为参考。

| 时限<br>（By when） | 谁<br>（Who/What） | 改变/期望的效果（Change） | 什么<br>（In what） |
| --- | --- | --- | --- |

例如：

| 时限<br>（By when） | 谁<br>（Who/What） | 改变/期望的效果（Change） | 什么<br>（In what） |
| --- | --- | --- | --- |
| 在夏令营结束时 | 青少年 | 提升了 | 他们的沟通能力 |
| 在项目开展三个月后 | 接受服务的流动人口 | 增加了 | 使用公共设施的次数 |
| 在项目开展一年内 | 社区中40%的独居长者 | 获得 | 居家养老服务 |

## （四）制定年度计划的思路

当进行以上的需求评估、问题分析和订立成效的时候，其实我们已经开始制定整个项目的方案设计和年度计划的工作了。在此，我们尝试再次根据逻辑模式的框架来梳理项目的逻辑，并给出一个简明的工作流程表。

1. 绘制逻辑模式图的思路

要绘制逻辑模式图，我们首先要为它找到一个起点。而进行项目的方案设计可以从成效或资源这两个方面作为起点。在此，我们以成效作为起点为例说明。

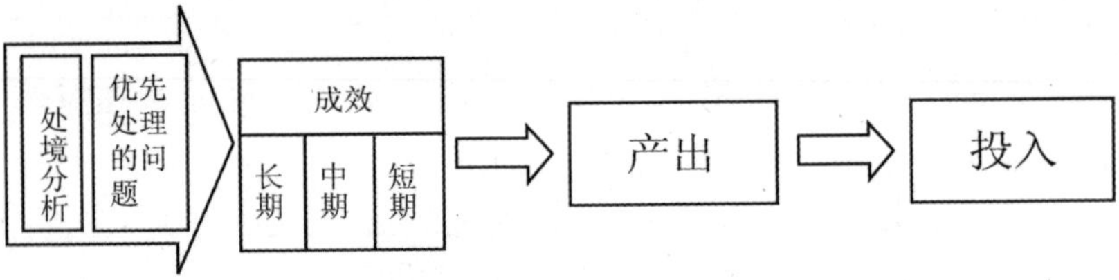


2. 制定年度计划的流程表

（1）需求评估概述（可另附详细评估报告）

______________________________

______________________________

______________________________

（2）处境分析（社区问题识别）

| 提问的基本问题 | 问题（一） | 问题（二） |
|---|---|---|
| 那是什么问题 | | |
| 这问题在哪里存在 | | |
| 哪些人会受到这问题的影响 | | |
| 这问题何时发生 | | |
| 这问题蔓延/恶化现象引起社区人士关注的程度怎么样 | | |

问题总结和陈述

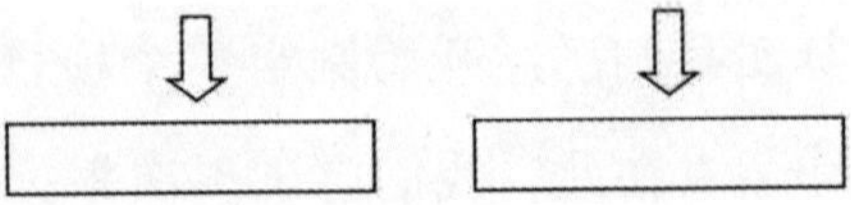

（3）问题总结和陈述（确定处理问题的优先次序）

| 排序 | 问题陈述 |
|---|---|
| 优先次序 1 | |
| 优先次序 2 | |
| 优先次序 3 | |
| 优先次序 4 | |
| …… | |

（4）订立成效及介入计划

| 问题/需要的成因 | 成效 | 介入方案 |
|---|---|---|
| 1. | | |
| 2. | | |
| 3. | | |
| 4. | | |
| 5. | | |
| 6. | | |
| 7. | | |

最后，我们可以参照以下《项目策划及评估工作表》[①]，梳理及检视整个项目的逻辑关系和年度计划。

---

① 改编自梁伟康著，2012 年，《成效管理：非营利社会服务组织全面实践策略》P298，香港：非营利组织卓越管理有限公司。

<table>
<tr><td colspan="5">项目名称</td></tr>
<tr><td colspan="5">项目主要目标</td></tr>
<tr><td colspan="2">项目要推行的主要活动</td><td></td><td colspan="2">负责团队</td></tr>
<tr><td rowspan="4"></td><td rowspan="5">↑<br>项目的策划<br>↓</td><td>1. 识别的需要（描述要针对的需要是什么、为何必须处理这需要）</td><td></td><td></td></tr>
<tr><td>2. 目标对象人口/服务接受者（简述这项目要针对的目标对象是谁、有多少人受惠）</td><td></td><td></td></tr>
<tr><td>3. 理论假设（依据什么理论来分析服务对象的需要并制定相应的介入方案）</td><td></td><td></td></tr>
<tr><td>4. 活动/介入（简述你如何介入、将提供什么活动）</td><td></td><td></td></tr>
<tr><td rowspan="5">↑<br>项目的评估<br>↓</td><td>5. 期望的成果（产出、成效），并解释为什么通过上述活动/介入的推行可导致什么成果）</td><td></td><td></td></tr>
<tr><td rowspan="4"></td><td>6. 评估的方法（采用怎样的方法和工具可以评估项目的成效）</td><td></td><td></td></tr>
<tr><td>7. 指标（细述将运用哪些具体及可观察到的证据作为衡量项目成功与否的参照）</td><td></td><td></td></tr>
<tr><td>8. 达到的指标水平/成功的标准（界定期望的成功水平）</td><td></td><td></td></tr>
<tr><td>9. 资源及投入（简述所需的资源和投入）</td><td></td><td></td></tr>
<tr><td colspan="3">目标陈述：将上述 1 ~ 8 归纳为一个目标陈述</td><td></td><td></td></tr>
</table>

## 三、社会工作服务项目筹资

"非营利性"是非营利组织和社会工作服务的一个重要特点，即社会工作服务项目的经费往往不能靠服务收费以盈利来获得。因此，了解政府资助政策、经费募集的不同来源对于机构或项目的管理者来说是非常重要的。而所谓公益组织筹资是组织的一种行为，是非营利组织向个人、企业、慈善基金会或政府部门，请求并募集志愿性捐赠（金钱或其他资源）的过程。在此我们将作概要性的介绍。

### （一）筹资的途径

随着国家政策的支持和民间资本的活跃，非营利组织有越来越多不同的资金来源和多元的筹资途径。这些途径主要包括：政府购买服务资助、公益创投以及基金会、企业、个人的资助等。

以政府购买服务为例，国家陆续颁布了相关的政策，推动政府购买服务的发展。例如，民政部2012年颁布了《民政部财政部关于政府购买社会工作服务的指导意见》（民发〔2012〕196号），国务院2013年颁布了《国务院办公厅关于政府向社会力量购买服务的指导意见》（国办发〔2013〕96号），2015年财政部颁发了《财政部　民政部　工商总局关于印发〈政府购买服务管理办法（暂行）〉的通知》（财综〔2014〕96号）。这些政策为政府开展购买服务提供了依据。

### 案例：广州家庭综合服务中心发展[①]

2010年广州市已试点20间家庭综合服务中心，投放市区两级财政资金总计4000万元。2011年广州市家综数目增长至54间，到2012年全市每个街（镇）已建立1间家综，合计150间。到2014年，广州市家综数目上升到171间，财政支出总额逾3.1亿元。2012年～2014年，广州市政府购买服务已累计投入9.65亿元，投入资金居全国首位。

公益创投也是近几年比较常见且新颖的筹资途径之一。在公益创投的模式下，风险投资者深入到接受投资的非营利组织中，而且持续多个年度，将资助看作投资而非拨款。它与商业投资的区别在于其投资目标的非营利性：不要求回报，或者将投资回报继续用于公益事业。

### 案例：广州市民政局公益创投项目

广州市民政局于2014年开始开展首个公益创投活动，通

① 数据来源：雷杰、罗观翠等著，2015，广州市政府购买家庭综合服务分析研究，社会科学文献出版社。

过公平公正地征集评审公益创投项目。在2014年，广州市公益创投供征集创投项目238个，累计申报资助资金和社会配套资金双双突破了5000万元。在238个公益创投项目中最后择优选择了100个项目，涵盖了救助、帮困、为老、助残、青少年服务、异地务工人员及其子女关爱等服务领域。其中为老服务类13个、助残服务类27个、青少年服务类20个、救助帮困类17个、其他公益类23个。而在公益创投的推动下，社会服务亦呈现得更加多元和富有活力。公益组织亦能针对实际的需要设计更加新颖的服务项目，例如[①]：“与生命共舞——生命教育及老人临终心灵呵护义工培训”、“社工助力失独家庭实现微心愿”、“关爱留守儿童青春期性安全教育”等。

## 案例：杭州市公益创投项目2016年招标[②]

杭州市民政局向社会公开征集2016年度社区服务业公益创投项目。征集的范围为六类项目，包括为老服务类（A类），主要包括为老年人提供助残、助洁、助浴、助行等日间

① 更多广州公益创投的资讯，读者可以登录广州市社会组织公益创投服务平台网站：http：//www. gzgyct. org. cn/

② 原文：杭州日报，2016. 1. 5，《今年的社区服务业　公益创投项目开始征集》

照料和居家养老服务等；助残服务类（B 类），主要包括残障人士的康复、技能培训和就业、环境无障碍等服务；青少年服务类（C 类），主要包括为社区边缘青少年、困难家庭子女等开展帮教助学服务；救助帮困类（D 类），主要包括对贫困家庭、孤残儿童、困境儿童、失独母亲等救助帮扶；社区服务类（E 类），主要包括推进社区民主自治、邻里互动和居民互助服务等等；其他公益类（F 类）。

征集要求项目服务指向明确，受益群体精准，公益色彩突出，有助于满足人民群众社会服务需求和优化社会治理格局。单个创投项目总预算控制在 5 万 ~20 万元，实施周期为一年。项目申报截止日期是2016 年1 月31 日。

此外，非营利组织的筹款还可以来自基金会、企业的资助等，在此我们不再赘述。

## （二）如何筹资

作为机构管理者，我们需要不断拓宽筹资的渠道，并增强机构筹资的能力。我们首先需要在了解有哪些资金来源的基础上，选择并申请符合机构发展的资金开展社会工作服务。

1. 非营利组织筹款的案例展示

在此，我们介绍两个非营利组织的案例供大家参考，让大家了解一个组织如何实现资金的多元化。

## 案例：广州启创社会工作服务中心多元的资金来源

启创是广州最早开展社会工作服务的机构之一，该机构除了获得来自政府的资助外，还获得由基金会、个人、企业的资助。该机构2014年度获得政府资助24626494.83元、基金会资助2421287.90元和自筹经费1574105.53元，分别占该机构服务经费的86%、8.5%和5.5%。例如该机构获得广州市公益创投项目资金开展社区戒毒和社区康复服务，获得何亨氏健基金会资助开展“老铺”社区文化保育服务。此外还通过中国扶贫基金会、广东省千禾社区发展基金会的联合劝募平台，2015年开展徒步筹款为长者居家安全改善服务筹得112991.01元及夜青服务筹得28617.94元。

上述案例展示了广州本土的社会工作服务机构如何获得多元资金来源。下面我们再介绍一个国际化的非营利组织是如何实现全方位的筹资，并了解更加具体的筹资方法。

## 案例：乐施会全方位的筹资渠道[①]

乐施会是具有国际影响力的发展和救援组织的联盟。乐

① 案例引自冯利，章一琪，2015，公益组织筹资策略：创造非凡的价值，社会科学文献出版社。

施会有多种筹资方式，其丰富的筹资渠道帮助乐施会获得大量捐款。

◆ 线下渠道遍及各公共场所

街头募捐[1]：乐施会招募大使带着乐施会的资料单和表格，每天到街上招募月捐者，地点不固定。

银行、电力公司：银行和电力公司每月给客户邮寄账单时会附上乐施会的介绍和筹款表格。

音乐马拉松：这是一年一度的常规筹款活动，参加者以接力形式演奏乐器和演唱歌曲，同时尽力筹款，款项用于帮助低收入人群改善生活、自力更生。

毅行者[2]：毅行者是为乐施会带来捐款并对乐施会进行广泛宣传的劝募人。他们所参与的远足筹资活动是香港最大的筹资活动。1986年以来，已有77000多人次的参加者，共筹得善款约3.93亿港币。

义卖乐施米：乐施会举办一年一度的大型义卖筹款活动，利用周末摆放摊位，义卖20元的乐施米包，在香港义卖4天，设有200个义卖摊位。

---

① 此处须留意国家及当地的法律要求和规范，如广州市2012年通过了《广州市募捐条例》，对募捐资格、募捐申请、募捐活动的开展等作了规定。符合条件的社会组织、民办社工机构可以申请募捐资格，开展募捐活动。

② 在广州，由中国扶贫基金会、广东省千禾社区发展基金会发起了类似的徒步筹款活动：益动广东。http://www.walkingproud.org/

◆ 渠道配合推广

除了直接面向捐款人进行劝募外，乐施会在筹款过程中广泛运用宣传活动加大筹资的力度。

电视推广：通过电视播放乐施会筹资短片，介绍乐施会工作的方法和受益人生活的改变，并留下热线电话，捐款人打进电话表达捐款意愿即可实现银行扣款，实现捐赠。

纸媒：通过报纸、杂志、资料手册介绍乐施会。

展览会：在书展、儿童用品展览会上租展台，宣传乐施会。

购买其他网站的广告链接：比如乐施会购买网站广告位发布有关日本地震救援的募捐广告，网民一点击，就直接进入乐施会的捐款网站。

2. 如何撰写一份完整的“基金申请计划书”①

在向基金会、企业等申请资助时，我们往往需要撰写一份申请书，并提交给资助方。一份较为系统和完整的“基金申请计划书”主要包括以下重要组成部分：

（1）封面信及开场白：主要介绍整个计划书的概要、计划的内容概要、证明机构的专业能力及有关联系信息。

（2）需要/问题陈述：陈述计划书主要针对的问题或需

① 改编自梁伟康著，2012 年，《成效管理：非营利社会服务组织全面实践策略》P273，香港：非营利组织卓越管理有限公司。

要。在这部分，首先描述问题是什么、有哪些人感受到这个问题，这些人在哪方面受这问题的影响，这问题的普及性如何，以及整体而言这问题在哪方面对社区构成负面的影响。最好能引用专业文献和实证的数据来支持所描述的问题。

（3）计划项目描述：申请机构要对其所提交的计划项目作出解释，主要包括介入的详情、推行的方法、成效、目标以及完成计划项目所需推行各项工作任务的日程、人员配备等。

（4）服务成效/项目目标的陈述：陈述项目对主要目标人群所产生的影响期望，项目要达到的成效是什么。

（5）方案活动：行动计划必须详列执行的步骤，例如招聘、培训、办公室建立和宣传推广等，每个步骤必须明确地解释，并列明执行和完成日期、负责人员，以及采用的方法等。

（6）项目评估方法：整个评估计划包括收集资料的策略、资料分析所采用方法的讨论，以及制定汇报机制，以便向资助者汇报有关成果。由于评估是一项高超的技术过程，负责撰写的员工未必掌握这方面的技能。申请机构可考虑外聘评估专家。

（7）预算需求：详细列明项目的开支并提供理据支持各项开支。

（8）申请机构的能力：包括组织的历史和背景、主要的成就、可运用的资源和组织主要的强项。

（9）未来资金计划：有关未来资金计划安排，解释计划项目在基金资助期结束后如何仍可获取其他的资助而维持其正常运作。

（10）支持的函件：包括获得社区知名人士和组织的支持函件，以反映计划项目获得支持的程度。支持的函件最好是来自不同方面，可包括方案受惠者、社区领袖、合作伙伴机构、学校等。如与其他机构/团体合作，则必须附上合作的协议，以证明彼此的合作关系及明确地列明彼此所需履行的角色。

# 第三部分

## 社会工作服务项目的督导

# 一、什么是社会工作督导

## （一）社会工作督导的定义与意义

在定义上，社会工作督导一般是指由社会工作服务机构内或外聘资深的社会工作者发挥行政、教育和支持功能，对新进社会工作者、一线社会工作者、实习生及其他有需要的社会工作者，通过一种定期和持续的监督、指导，传授专业服务的知识与技术，以增进其专业技巧，进而促进他们成长并确保服务质量的活动。

社会工作服务要面对林林总总的社区问题，也要协助服务对象一起面对如亲子冲突、婚姻矛盾、疾病、死亡、行为出轨等复杂的问题。督导是社会工作专业活动中重要的一环，督导是保障社会工作服务质素、促进专业社会工作者能力提升的重要保证。首先，成为一名社会工作督导在专业能力上需要具备一定的专业水准和要求。例如，我国香港地区社会工作者注册局规定[1]：“建议督导者应在相关的服务范围中（但不一定需要在一种特定的服务范围内），具有最少五年的实务经验。”在督导的第三部分我们也展示了广东省社工师联合会对督导资质要求的政策文件供大家参考。其次，接受督导是社会工作者持续提升专业能力，更好为服务对象提供专业服务的保证。例如，我国香港社会工作者注册局规定[2]：“新入职毕业生（少于三年全职经验）应每月接受最少一小时不受干扰的个别面谈督导。具三年或以上全职经验的社会工作者应每两个月接受相等于一小时不受干扰的督导面谈。”社会工作的专业性、服务对象和社区问题的复杂性决定社会工作者需要接受定期的培训和督导来提升专业能力，保障专业服务的质素。

阿尔弗雷多·卡杜山（2008）在《社会工作督导》一书中还指出，社会工作督导的重要性是由社会工作专业与众不同的特点所决定的。这些特点包括社会工作服务提供方式特点、所应对问题的特点、接受服务的当事人的特点及社会工作者自身的特质。具体而言：（1）社会工作督导成为专业问责的机制之一（基于①与其他更加企业化的专业相比，社会

---

① 香港社会工作者注册局：http：//www. swrb. org. hk/chiasp/supervision _c. asp

② 香港社会工作者注册局：http：//www. swrb. org. hk/chiasp/supervision _c. asp

工作传统上都是通过机构向当事人提供服务；②社会工作服务机构活动的一项重要内容涉及非机构自身拥有的服务和物品分配；③机构用以救助当事人的资金和资源以及机构所奉行的方针政策，大多来自机构之外等）。（2）研究显示，社会工作需要与各种服务对象打交道，工作任务五花八门。由于社会工作服务机构的活动具有无常规、无标准、无法预测和高度个人化的特点，因此，很难为其设立一套正规的综合性管理信息系统。（3）社会工作的工作状况和专业伦理要求，不允许从旁监督等，基于社会工作专业活动的独特性，社会工作督导可以提供个别化的成效保证。（4）鉴于社会工作者所从事的工作和所面临的问题的独一无二特性，支持性督导不仅是必要的，甚至是不可或缺的。社会工作者工作的场景总是饱含感情色彩，为了服务对象，社会工作者必须付出情感的投入。因此，没有哪个职业像社会工作者那样需要打气，不断获得支持、鼓励，重树勇气和信心，而支持性督导是非常重要的。社会工作的性质决定了不仅针对入行新手要进行督导，而且对于有一定经验的社会工作者也要进行督导。

### （二）社会工作督导的功能

追溯社会工作督导发展的历史（徐明心，2005），行政功能是社会工作督导在二十世纪初期最早出现的功能，督导成为服务机构的高层管理，以确保行政问责。而教育与情绪支援的功能也紧接着产生，由于一些机构的探访义工不知道如何提供协助给需要的人，因此人员流动率高，于是机构中有经验的或资深的员工开始针对机构探访义工实施职前与在职训练。然而资深员工的主要职责还是行政督导，例如方案规划、分派工作给义工、评估服务输送的结果，同时，督导们也提供情绪支持给那些与服务对象工作过程中遭受挫折的机构探访义工。

第19版《社会工作百科全书》（Shulman，1995）指出现今的社会工作督导主要有三大功能：教育性、支持性和行政性。在此，我们直接摘录马丽庄、吴丽端、区结莲[①]在《社会工作跨境专业督导——山东经验》一书中总结国外文献并结合本土经验对社会工作督导功能的论述。

1. 教育性督导

教育性督导的内容是针对某一特定工作人员，针对其在工作中遇到的特定问题，教授以下五方面有关的知识和技巧。

（1）有关机构：机构的组织结构和行政架构，机构的目标、机构提供的服务类型，机构政策及制定政策的程序，机构所在社区的基本情况、机构与所在社区其他机构的联系等。

---

① 马丽庄、吴丽端、区结莲著，2013，《社会工作跨境专业督导——山东经验》，北京：社会科学文献出版社。

（2）有关问题：特定社会问题的起因，社区对特定社会问题的回应，该问题对社区的影响，机构提供服务与该问题之间的联系等。

（3）有关服务对象：个体行为的各个发展阶段，个体面对压力和问题时通常的反应，个体在群体中如何自处等。

（4）有关助人过程：各种助人的理论和技巧，选择某种特定助人技巧的标准，对助人过程的描述和理解等。

（5）有关社会工作者：社会工作者的专业身份认知，社会工作者的自我觉等。

2. 支持性督导

支持性督导的内容是协助受督导社会工作者应对和工作有关的压力。和工作有关的压力可以有多个来源，比如工作量和工作水平之间的矛盾，某些较难应付的服务对象给社会工作者带来工作上的挫折和情感上的压力，社会工作者这一职业本身所特有的压力（比如因资源有限而无法有效助人而带来的挫折感和失败感，因缺乏量化指标以衡量自己工作成效而带来的不确定感和缺少成就感等）。支持性督导的目标是改善或移除社会工作者面对的压力情景，帮助社会工作者适应压力，以及预防潜在的压力情境出现。支持性督导通常与教育性督导或行政性督导共同进行。

3. 行政性督导

行政性督导的目标是确保受督导社会工作者能完成机构

安排的工作，以确保机构正常运行，工作有序进行。行政性督导的内容包括：设定服务目标及其优先次序，工作计划、工作分配和协调，工作授权、管理、回顾和评估以及受督导社会工作者的职责和问责，督导协调或缓冲社会工作者与机构、社会工作者与服务对象之间的矛盾等。

徐明心（2005）总结认为，督导的行政、教育及支持功能有所重叠，然而每个功能都有其相关联的特点问题与目标。行政督导聚焦在机构政策与规则的正确性、有效性和执行的适切性；教育督导的目标则在于如何让第一线社会工作者具备完成工作的必要价值、知识和技巧；支持督导则希望提高第一线社会工作者的工作满足感与士气。

## 二、社会工作督导的方式、技巧与过程

### （一）社会工作督导的方式

社会工作督导的方式有多种，可以从不同维度进行划分。

1. 按照督导和被督导的人数和督导的性质来划分

督导的方式可以分为个别督导、团体督导和朋辈督导（又称同事督导）。个别督导是最传统和最主要的督导方式，由一位督导者对一位被督导者采取一对一的方式，定期（通常是每周或每两周一次，每次半小时至一小时）举行的督导

会谈。另外视情况需要，也会有一些不定期的督导会谈（Kadushin，1992）。会谈内容主要涉及观念想法的互动和交流，通常双方是对人际上、工作上、人格上、或被督导者所提出的问题进行讨论，了解并讨论被督导者需要学习或改进的地方（李增禄，2002；黄源协，1999）。团体督导是一位督导者和若干位社会工作者（3～7人），采取小组讨论的方式，定期（通常是每周、每两周或每个月举行一次，每次一至两小时）举行的讨论会议（Kadushin&Hakness，2002）。朋辈督导是指一群志同道合、有相同需求、知识、能力水平或共同价值的被督导者所组成，采取小组分享的方式，定期（通常是每周、每两周或每个月举行一次，每次一至两小时）举行的讨论会议，每次会议并无特定的督导者，由被督导者互相推选担任小组主持人（黄源协，1999；沙依仁，2004；Peter & Robin，2003）。

| | |
|---|---|
| 个别督导 | 督导以个别会谈的方式对社会工作者进行督导 |
| 团体督导 | 督导以团体会谈的方式对社会工作者进行督导 |
| 朋辈督导 | 同事以小组讨论的方式互相分享与学习 |

2. 按照督导的场域和媒介来划分

督导的方式也可以分为现场督导、网络督导和电话督导。现场督导是指督导者参与到被督导提供服务的过程中，通过现场观察和事后会谈来帮助被督导者学习，必要时督导者还可直接介入服务为被督导者提供现场示范。网络督导和电话督导是指通过网络和电话作来进行的远程督导，也包括批阅社会工作者的工作日志和文书记录。

社会工作服务机构根据不同的实际情况选择合适的督导方式。目前一般采取小组督导的方式，为整个机构或项目的社会工作团队开展督导。通常以每月一次或每季度或半年一次的现场工作的形式来开展专题督导。有条件的社会工作服务机构也会安排督导为社会工作者提供充足的个别督导，包括批阅每个社会工作者的工作日志和文书记录。此外，社会工作者也可以根据个人的需要通过电子邮件或电话的方式向督导寻求支持。朋辈督导是没条件聘请督导的社会工作服务机构的惯常做法，对于已经有督导的社会工作服务机构，朋辈督导作为一种日常工作交流和学习的方式也是很重要的。

### （二）社会工作督导的技巧

社会工作督导是一个“用生命影响生命”的过程，其焦点涵盖社会工作的知识、技巧、价值和文化等多个方面。以下从个别督导、团体督导和朋辈督导三种督导方式介绍督导常用方法。

1. 个别督导的常用技巧

个别督导中，督导者应做到的事项：一是从头到尾仔细聆听被督导者说的话；二是以资料、知识或重点补充被督导者的话；三是提出问题以开阔被督导者的思想与视野，并激发其走向更高的境界；四是检视被督导者如何工作，并分享经验与想法；五是对被督导者的具体行动提出建议，使被督导者能拟定有效的工作计划（黄源协，1999）。

常用的技巧如下：

（1）督导者要诚恳地倾听被督导者的诉说。

（2）督导者应仔细研究和披阅被督导者的工作记录、服务报告，以便发现被督导者的不足，提出教育的重点。

（3）督导者应采取接纳的态度，接纳被督导者的感受。

（4）在提出评价和建议时，语气要委婉，以免被督导者出现抗拒心态。

（5）督导者要根据自己丰富的经验和扎实的理论知识基础，随时提供示范性的方法和技术，帮助被督导者更直接处理客观情境下的服务对象需求和问题。

2. 团体督导的常用技巧

团体督导中，督导者要为被督导者营造一个安全的氛围才能鼓励被督导者愿意在其他组员面前放心地分享自己的经验、弱点和焦虑。督导者也要能将被督导者的问题、分享加以整合后做出回馈和总结（Peter & Robin，2003）。

常用的技巧如下：

（1）督导者在团体面前要感到舒适，有兴趣和有信心。

（2）督导者需熟悉团体成员的姓名、性格，并与之建立良好关系。

（3）督导者需引导团体成员集中注意力和向心力。

（4）督导者需尽量促使团体成员，能自发和自由自在地提出问题、观点和建议。

（5）督导者要能把各种不同的观点联结起来，并做比较分析和综合，得到可共同了解的结论。

（6）督导者需事先早有准备，但讨论时宜富有弹性地加以修正。

（7）督导者需敏锐地察觉团体成员的潜在感受，并加以适当的处理和引导。

（8）督导者需对攻击型和偏激型的被督导者所表现的观点，善加引导与应对。

（9）督导者需在讨论的每个段落做“段落结论”，并在结束时提出清晰和具体的归纳和结论，以便被督导者领悟和方便实施（黄源协，1999）。

3. 朋辈督导的常用技巧

朋辈督导的特点是没有确定的领导或主持人，通常以轮换的方式来推选出每次朋辈督导的协作者。协作者在朋辈督导中需要具备以下常用技巧：

（1）设定讨论与分享的基本规则。

（2）提供机会让所有成员能表达自己的希望和需求。

（3）安排一些非正式交流时间让成员在正式交流外进行更加充分的交流。

（4）创造出让成员感受到被鼓励表达和学习的氛围。

（5）能引导成员集中在同一个方向上讨论，避免偏离主题。

## （三）社会工作督导的过程

社会工作督导过程分为四个阶段：督导前期、开展期、工作期和终结期。

1. 督导前期

督导与被督导者建立关系，互相熟悉，讨论互相的角色与专业身份。

2. 开展期

督导与被督导者共同制定督导计划，讨论被督导者的长中短期专业发展规划，确认督导形式与内容。

3. 工作期

督导与被督导者为每次督导会谈做好充分准备；督导定期监察被督导者的工作量，定期检查被督导者有关实务工作的记录督导；督导在与被督导者会谈时，聆听被督导者的实践经验和感受，讨论被督导者与其他同事的工作关系，考虑实务工作所面对的价值伦理与法律问题，解释被督导者的疑惑，给予有关实务工作的专业意见，指导被督导者开展工作，促进被督导者学习与成长，支持被督导者做好工作。

4. 终结期

督导与被督导者进行督导总结与讨论，综述督导过程，回顾被督导者的成长历程，巩固其学习与改进成果。检讨及讨论被督导者对服务对象的服务成果，对服务成效和效率进行评估，从而向服务机构及社区负责。

## 三、社会工作督导行业政策案例

### （一）督导政策

在社会工作发展以及社会工作行业中督导工作的发展中，政府起着引领和指引性的作用。政府制定相关政策文件成为行业组织、社会工作服务机构落实和执行社会工作服务的纲领性文件。在此，我们以广东省民政厅最新出台的对督导工作的指导意见为案例进行展示。

#### 广东省民政厅关于加强和完善我省社工督导工作的指导意见

粤民发〔2016〕59 号[①]

各地级以上市民政局，佛山市顺德区民政和人力资源社会保障局：

近年来，我省专业社会工作事业有了很大的发展，社会

---

① 广东省民政厅：http：//www. gdmz. gov. cn/gdmz/shgzu/201604/cbcada46a4f144528ff1ef59f35094c8. shtml

工作专业人才队伍不断壮大，也培养了一批具有督导能力的社会工作者，对推动我省社会工作专业发展、保障社会服务机构的正常运行、提高服务质量、促进社会工作者成长发挥了重要作用。但是，由于我省专业社会工作还处于起步和探索阶段，个别地区对社会工作督导认识不足，理解模糊，有些地方将社工督导作为社工职级或职称，设定资质门槛，进行认定，造成资深社工游离社会服务机构、脱离一线等问题，影响了我省社会工作专业人才队伍建设。为加强和完善我省社工督导工作，培养资深社会工作者，提高社会工作的专业化水平，现提出如下指导意见：

一、明确社会工作督导的定位和作用

社会工作督导一般是由社会服务机构内资深的社会工作者发挥行政、教育和支持功能，对新进社会工作者、一线社会工作者、实习生及其他有需要的社会工作者，通过一种定期和持续的监督、指导，传授专业服务的知识与技术，以增进其专业技巧，进而促进他们成长并确保服务质量的活动。社会工作督导是资深社会工作者应具备的能力，从身份上看，社工督导人员仍是从事社工督导工作的社会工作者，不是独立另设的一种职级或职称。加强和完善社工督导工作，是增进社会工作者专业能力、促进专业成长、保障服务质量不断提高的重要保证，是维持并发展高水平的社会工作实务水平的有效手段。

二、发挥社会服务机构选拔使用社工督导人员的主体作用

要充分发挥用人主体在社工督导人才培养、选拔和使用中的主导作用，保障和落实用人主体自主权，坚持“谁聘用、谁付薪、谁选拔”的原则。社会服务机构要优化人才结构，形成合理的初、中、高级人才梯次结构，从有利于保障服务机构的正常运行，提高服务质量的目的出发，选拔一线服务年资长、实务水平高的资深社工承担督导工作。要建立督导制度，赋予社工督导人员行政上的权威和责任，明确社工督导人员督导的频次、督导工作内容和流程、督导工作评估和考核等事项，保障工作的顺利完成。要引导社工督导人员扎根一线，以“师徒式督导”、“训练式督导”等方式带领被督导者一起开展服务，提高服务水平。对于缺乏具备督导能力资深社会工作者的机构，可以从工作实际需求出发，自主外聘资深的社会工作者提供督导并与一线社工共同开展服务。

三、发挥政府职能部门对社工督导工作的保障和监管作用

加强社会工作专业人才队伍建设是民政部门的重要职责，各级民政部门要把培养社会工作督导人员作为人才队伍建设的一项重要内容，争取党委政府的重视，加大社会工作人才队伍建设经费的投入，鼓励各地对优秀的社工督导人员给予

岗位补贴，确保一线社工队伍的稳定，引导社会服务机构建立与服务项目同步进行、覆盖全体员工的督导制度。各地在实施政府购买社会工作服务招投标时，不得直接对社工督导人员资质进行限定，可将督导制度建立和落实情况作为评价社会服务机构管理和服务水平的重要指标。

四、发挥社会工作行业组织对社工督导的服务作用

社会工作行业组织是社会工作行业管理与服务的重要主体，是连接政府与社会工作从业人员和服务机构的桥梁纽带，在加强社会工作专业人才队伍建设、推动社会工作事业发展中发挥着不可替代的作用。社会工作行业组织要认真贯彻落实国务院规范职业资格的有关精神，不得设立社工督导人员准入职业资格，不得开展督导资格认定相关工作。要充分发挥社会工作行业组织促进社会服务机构发展的功能作用，加强社工督导人员培训和交流，协助社会服务机构提升社工的督导能力，加快培养一批能够指导解决重大复杂专业问题、引导推动社会工作者成长发展的专业督导人员；引导广大社会工作者特别是社工督导人员，坚持专业社会工作的价值理念，扎根服务一线，提升专业水平，为服务对象提供更多更专更优的服务。

广东省民政厅
2016年4月18日

## （二）督导的认证

广东省社会工作联合会制定的广东省社会工作专业督导认证及管理办法中将社工督导的身份认证分为了初级、中级、高级，并且就其认证标准和条件提出了具体、明确的要求。在此摘录其基本条件和专业要求以供参考。

**广东省社会工作者督导认证及管理办法**

| 基本条件 | 督导等级 | 专业条件 |
| --- | --- | --- |
| （一）遵守国家法律、法规<br>（二）热爱社会工作，认同社工理念，恪守职业道德<br>（三）在广东省内从事社会工作 | 初级督导 | （一）取得社会工作师职业水平证书，具备督导一线社工的能力<br>（二）专业工作年限要求：<br>1. 取得社会工作专业大专学历，从事社会工作满 7 年（文中“从事社会工作”是指在民政、妇联、残联、共青团、工会、高等院校、慈善机构、社会团体机构、社区服务机构、街道办事处等各个领域，运用社会工作的理论与知识，直接进行社工服务或社工教学、督导的工作，下同）<br>2. 取得社会工作专业大学本科学历，从事社会工作满 4 年；3. 取得社会工作专业硕士学位，从事社会工作满 2 年<br>4. 取得社会工作专业博士学位，从事社会工作满 1 年<br>5. 取得社会工作相关专业（社会学、人类学、心理学、哲学等）本科及以上学历或学位，其从事社会工作年限相应增加 2 年<br>6. 近 2 年内累计督导时数达到 100 小时 |

续表

| 基本条件 | 督导等级 | 专业条件 |
|---|---|---|
| （一）遵守国家法律、法规<br>（二）热爱社会工作，认同社工理念，恪守职业道德<br>（三）在广东省内从事社会工作 | 中级督导 | （一）取得社会工作师职业水平证书满 3 年，具备督导社工服务项目的能力<br>（二）专业工作年限要求<br>1. 取得社会工作专业大专学历，从事社会工作满 10 年<br>2. 取得社会工作专业大学本科学历，从事社会工作满 7 年<br>3. 取得社会工作专业硕士学位，从事社会工作满 4 年<br>4. 取得社会工作专业博士学位，从事社会工作满 2 年<br>5. 取得社会工作相关专业（社会学、人类学、心理学、哲学等）本科及以上学历或学位，其从事社会工作年限相应增加 2 年<br>6. 近 3 年内累计督导时数达到 300 小时 |
| | 高级督导 | （一）取得社会工作师职业水平证书满 6 年，具备督导社工服务机构和片区服务的能力<br>（二）专业工作年限要求<br>1. 取得社会工作专业大专学历，从事社会工作满 13 年<br>2. 取得社会工作专业大学本科学历，从事社会工作满 10 年<br>3. 取得社会工作专业硕士学位，从事社会工作满 7 年<br>4. 取得社会工作专业博士学位，从事社会工作满 4 年<br>5. 取得社会工作相关专业（社会学、人类学、心理学、哲学等）本科及以上学历或学位，其从事社会工作年限相应增加 2 年<br>6. 近 5 年累计督导时数达到 500 小时 |

### （三）督导职责

在督导的功能部分，我们阐述了督导具有行政、教育和支持性三个重要的功能，那么督导在实际的实务工作和督导工作中需要承担哪些职责也是我们需要重点考虑的问题。在此摘录深圳市社会工作者协会拟定的督导职责指引文件的部分内容供大家参考。此指引文件主要偏向的是行政性上的功能，同时在专业上有给予前线社会工作者实务的教育性培训，并强调情绪支持的功能。

**深圳市社工督导人员工作职责手册（试行）**[①]

**第四章　督导职责**

**第七条**　在试点阶段，督导人员具体包括初级督导、见习督导。其中，初级督导原则上需取得社会工作师资格（社工试点阶段可放宽至助理社会工作师），从见习督导中经过考试差额淘汰产生。见习督导需取得助理社工师或以上职业资格，具有至少一年以上一线社工工作经验（社会工作专业）

---

① 深圳民政在线：http：//www. sz. gov. cn/szmz/xxgk/ywxx/shxx/zcfg/201110/t20111018 _1744057. htm。该文件由深圳市社会工作者协会于2009年4月13日公布。

或两年以上社工工作经验（社工相关专业），从我市在岗督导助理中选拔产生。具体选拔方式请参照市社协相关通知。

**第八条**　本土督导（该处仅指见习督导、初级督导）原则上按照1名本土督导：14名社工（包括督导助理）标准操作。各机构可根据具体情况，予以适当调整。特别情况，机构需与市社协另行商定。

**第九条**　督导（试点阶段包括见习督导及初级督导）对市社协负有以下职责：

（1）负有政策建议和倡导的职责，按照市社协要求定期递交工作或政策建议报告等。

（2）积极参与市社协所组建的督导人员组织、政策研究、培训及其他相关活动等。

**第十条**　督导对机构负有以下职责：

（1）参与机构服务质量评估，在机构专业服务推广及决策方面给予建议。

（2）及时对团队的问题和情况进行总结及建议，调整服务方案，优化服务结构，促进服务效果提升。

（3）配合机构人事部门，对团队内督导助理、一线社工的工作进行绩效考核、评估等；对团队内社工招聘、选拔、培养、调岗、辞退等给予机构专业建议。

（4）协助机构，对团队内社工工作程序、服务质量以及职业操守进行监督。

**第十一条** 督导（包括见习督导、初级督导）对上级督导人员（试点阶段包括香港督导、见习督导小组顾问）的职责：

（1）完成上级督导或顾问为其制定的个人成长方案。

（2）将发展中所存在问题进行反馈，探讨解决方案并予以跟进。

（3）按照规定，每月接受上级督导个人督导及集体督导，具体可由上级督导根据市社协要求确定。

（4）配合完成其他类促进行业交流与发展的协调性工作。

**第十二条** 督导对督导助理负有以下职责：

（1）培养督导助理督导能力，包括指导、制定并跟踪落实督导助理个人成长方案，协助其完善年度工作计划等。

（2）给予其适当的情绪支持等。

（3）定期给予督导助理个人面见督导和小组督导。跟进督导助理所转介的疑难个案、小组或其他实务工作等。

（4）根据督导助理的实际发展阶段，适当安排其独立开展对一线社工的督导工作，提升其督导能力。

（5）指导督导助理制定本督导团队年度服务推行计划，并予以落实。

（6）及时处理督导助理反馈的有关一线社工、服务推行等相关情况，并与上级部门及时沟通，做好上传下达工作。

**第十三条** 督导对一线社工负有以下职责：

（1）负责所带领团队的业务方向的整体规划，监督并规范其所负责领域的工作程序及社工的职业操守等。

（2）给予社工业务指导：按照专业督导程序，定期召开社工个人面见督导及团队督导会议，审阅、批复一线社工服务情况，并按时完成督导记录。

（3）提升团队社工自身业务能力，策划并组织实施各类形式的培训等。

（4）带领团队发掘、联络相关社会资源，拓展新的服务项目。

（5）协调机构、用人单位、社工、行业协会等相关部门之间的关系，以促使服务的有效开展。

**第十四条**　为保证本土督导人才的督导能力，处于见习期的见习督导应根据见习督导小组顾问要求，落实顾问对其进行的培养规划，亦应保持适量实务工作量。具体遵守以下原则：

（1）见习督导实务工作仅指以见习督导为主或单独完成，直接针对服务对象所开展的社工服务（服务记录上社工姓名应为见习督导本人）。

（2）见习督导每月可有10节（半天）左右一线实务工作时间，具体由见习督导与其督导顾问根据团队具体情况予以明确。

（3）自上岗至2010年12月之前，至少需完成疑难个案

（4次面谈以上）2个以上，治疗性小组（4节〔半天〕以上）1个以上或其他类小组（4节〔半天〕以上）2个以上，活动（包括新拓展的服务项目）1个以上。均需有完整服务记录。

（4）针对各领域服务开展情况不同，可对以上指标进行适当调试，其中小组指标和个案指标之间可互相换算，具体由其所带领督导顾问确定。

## 第五章　督导助理职责

**第十五条**　督导助理需取得助理社工师或以上职业资格，具有半年或以上社工工作经验，从我市优秀社工中选拔产生。具体可参见《深圳市社会工作者督导助理选拔与聘用办法》。

**第十六条**　按照1名督导助理：6名一线社工比例配备。具体可参见《深圳市社会工作者督导助理选拔与聘用办法》。

**第十七条**　督导助理接受上层督导的业务指导，其具体工作职责由上级督导予以明确，在团队中原则上承担以下职责：

（1）在督导指导下，落实完成个人成长方案。

（2）在督导指导下，完善本小组的年度工作计划，推进服务开展及其他协调性工作。

（3）协助督导规范团队内的工作程序及分工，监督社工的职业操守，帮助团队社工对岗位分工、职责、工作范围等有清晰的了解。

（4）协助督导落实完成各类理论、实操技巧的培训等。

（5）在督导指导下，对一线社工进行实务操作上的指导，跟进一线社工转介的疑难个案、小组等；并可适时适量独立开展对社工单独督导。

（6）协助督导，对一线社工的工作进行绩效考核和评估。

（7）对一线社工给予适当情绪支持，引导新员工尽快适应工作等。

（8）协助督导，收集、整理一线社工的服务记录及其他工作报告，按时递交给督导，督促本组社工落实见习督导的审批、反馈意见。配合机构完成本组社工的考勤及督促、考核每日工作完成情况，及时提交给督导审核。

（9）定期向督导进行工作汇报，反馈团队发展中的问题，并予以跟进落实。

（10）在完成督导助理岗位上的工作内容之外，还需承担其小组中一线社工平均指标量的80%以上。

### （四）督导专业要求及质素保证

我国香港社会工作者注册局拟定的《社会工作督导指引》对社会工作督导的质素作了明确的规定。虽然目前内地的专业发展水平和资源未必能够达致我国香港地区的严苛要求，但这份指引仍不失为我们的一个重要的参考和未来追求的目标。

## 社会工作督导指引①

1 引言

1.1 社会工作者注册局曾于2005年，就督导实务向全港所有社工进行了一次大规模的问卷调查。其后，注册局向每位注册社工寄发一份讨论文件，征调意见。在咨询过程中，注册局同时邀请各个社工团体（例如香港社会服务联会、香港社会工作人员协会、香港社会工作者总工会，以及员工组织）、社福机构及院校提供意见。从咨询中所得的其中一项建议，是为香港的社工制订一套督导实务指引。

1.2“专业发展工作小组”辖下的“督导指引工作小组”于2007年5月成立。“督导指引工作小组”检视了共十四间社会服务机构的实务督导模式，并且研究海外社工机构所采用的指引。“工作小组”认为在已发展的国家中，“澳洲社会工作者协会”（Australian Association of Social Workers）所制订的督导指引最为全面。“工作小组”于是以该指引作为蓝本，再根据香港社工界的实际情况，草拟了现时这套督导指引。

---

① 香港社会工作者注册局，http：//www. swrb. org. hk/chiasp/supervision _c. asp。

1.3 这份文件旨在就社工实务建议一套基本标准，并厘清雇用机构、社工及督导者在专业督导方面的责任。机构和同工应致力达到，甚至超越建议中的标准。

1.4 督导是发展及维持高水平的社会工作实务的其中一项核心元素，它对提供人本服务的质素及前线社工的专业发展，至为重要。专业督导的首要目标是要使从业员有能力履行，并确保及促进以人为本、具职效能力和独立的社会工作实务，最终令服务使用者受惠。

……

1.8 社会工作督导包括行政、教育及支持的功能。机构应负责提供这三种互相关联的功能，但分配予三者的时间及努力的比重，则视乎服务的实况及员工的需要而定。

1.8.1 行政功能

行政功能属于一种管理功能，当中包括订立服务目标和其优次、厘清角色、规划和分配工作、工作检讨和评估，以及对被督导者的工作表现的承担和问责性。

1.8.2 教育功能

教育功能涉及灌输专业价值观、传授知识及训练实务技巧，这些都是社工为推行有效的专业实务所必备的。教育功能亦包括加强社工的自省能力及敏感度。因此，具教育功能的督导应被肯定为社工专业发展的核心元素。

1.8.3 支持功能

支持功能使被督导者更有能力处理与工作有关的事情，同时能培养有利于优化工作表现的态度和情感。此外，支持性的督导可以维持员工的士气，并且让被督导者意识到专业上的自我价值，以及对其雇用机构和专业产生归属感。

2 机构的准则

2.1 为使提供人本服务的机构能向服务使用者提供完善的服务，督导须满足被督导者、督导者及机构的需要。

2.1.1 理念

除非是基于合理的考虑而限制督导的范围，否则督导应同时能发挥行政、教育及支持的功能。

2.1.2 运作

建议提供人本服务的机构，明文订立一份包含长远专业发展目标的督导协议，该协议应由督导者与被督导者共同磋商及定期检讨。此外，机构应制订一份切合其服务类别的督导会面报告表格或与实务有关的记录。评估督导的准则会因机构而异，而下列的简单指引可供参考：

a. 督导者与被督导者为督导会面作好充分准备；

b. 督导者定期监察被督导者的工作量；

c. 督导者定期检讨被督导者有关实务的纪录；

d. 在督导会面中讨论专业介入的过程；

e. 督导者给予有关提供服务的专业意见；

f. 检讨及讨论对服务使用者的服务成果；

g. 对服务成效及效率进行评估，从而向服务机构及小区负责；

h. 考虑直接实务所带来的操守与法律的问题；

i. 讨论与机构内其他同工的工作关系；

j. 被督导者有机会向督导者反映意见；

k. 讨论与被督导者的角色、专业身份及士气有关的事宜；

l. 处理被督导者的长远专业发展需要；

m. 督导者与被督导者均感受到鼓励学习的气氛。

2.2 雇用机构应正式确认社会工作督导者在时间分配、问责性及于权力架构内的职责，并应定期检讨和评估他们的职责，以确定他们的工作量是合理和可行的。

2.2.1 理念

责任、权力和足够的资源均应一应俱全，以便督导工作能有效地执行。

2.2.2 运作

a. 应计算督导者用于督导（包括事先预备及评估）每名被督导者所需的时间比重，据此调校督导者在其他方面的职责。除非有特别原因容许例外情况，否则每次个别督导会面时间最低限度应为每两个月一个小时而其间不受干扰。

b. 督导会面时间应符合以下列条件：

i. 会面在于促进专业成长；

ii. 会面是已预约的，参与者作好充分准备，而且是针对目标进行的；

iii. 会面是个别面谈；

iv. 会面在于促进及监察进度；

v. 会面是定期及有系统地进行的。如会面未能如期进行，须记录原因。

2.3 机构应为督导者提供机会，使他们能持续增进督导实务方面的知识及技巧。

2.3.1 理念

督导的质素取决于督导者的督导能力及在实务方面的专门知识。

2.3.2 运作

雇用机构应使督导者能参加有关督导的课程、座谈会及研讨会等，并把这些活动所需的财政资源列入员工发展的预算内。

2.4 雇用机构应发展一套合适的机制，一旦督导者与被督导者的关系出现问题时，用以进行评估问题及磋商解决方法。

2.4.1 理念

除非在信任及正面的工作关系下，否则督导不能有效地施行。

2.4.2 运作

机构应制订程序，处理督导者与被督导者间那些不能由他们直接解决的潜在冲突，并于督导协议内列明这些程序。这些冲突或可透过不同方法解决，例如：第一步可由朋辈进行调解；如调解不奏效，督导者的上司或须进行调解，并且或须从督导者与被督导者之间显示出来的关系中，找出可能引致冲突的结构根源。当所有斡旋方法均告失败，便可能要交由机构的最高管理层仲裁。

3 督导者的资历

3.1 建议督导者应在相关的服务范围中（但不一定需要在一种特定的次服务范围内），具有最少五年的实务经验。

（注："服务范围"乃指一个广泛的服务用户群体及服务系统，如"青年服务"。专门的"次服务范围"则指广泛的"服务范围"内的特定范畴，如"青少年外展服务"。大家应认同当督导者还未具备相关经验时，他们必须寻求专业支持，好让他们能履行督导的职务。）

3.2 鼓励督导者成功修读有关社会工作督导的课程。

3.3 鼓励督导者就某一实务范围，或与其服务相关的介入手法，继续接受训练。

3.3.1 理念

督导者应比被督导者具备更丰富的实务经验，并且曾接受一些有关督导的训练。一个人如没有基本的工作经验，不大可能有能力融会贯通复杂的社会工作理论及实务。

4 因应年资的最低督导标准

4.1 新近毕业生（少于三年全职经验）应每月接受最少一小时不受干扰的个别面谈督导。至于督导的形式，则视乎个别机构的特性和实务情况而定。如需要以集体督导作为一项补充措施，亦应予以鼓励。尽管参与职员大会、服务团队会议、内部训练、工作坊和座谈会都是专业发展的宝贵来源，这些却不能取代督导。

4.1.1 理念

为了巩固从学习得来的知识和技巧，妥善处理随新职责而来的压力，以及为将来成为督导者作充分准备，新近毕业生对督导的需求，尤为强烈。

4.1.2 运作

雇用机构有需要针对其特定的实务情况，为新近的毕业生度身订造一套督导计划。

4.2 具三年或以上全职经验的社会工作者应每两个月接受相等于一小时不受干扰的督导面谈。如督导是由朋辈（相同职级的同工）进行，应由一名更高职位的同工被问责及进行检讨。

4.2.1 理念

a. 富经验的社工有需要和权利，期望有机会借助同工，作为他们在实务方面的咨询及反思的“探测器”；

b. 有些时候，即使是富经验的社工，向其他专业或学科的专家征询意见，借以在专业发展上迈向其目标，也是恰当的；

c. 为确保朋辈督导的收效，双方均必须拥有足够的经验，以便了解他们本身的局限及强项。

5 在人力资源不足时的其他选择

5.1 如于机构内部未能达到上述的督导标准，机构应提供同等的督导或咨询机会，这包括：

a. 从另一服务单位以兼职形式招聘合资格的督导者；

b. 从另一机构招聘合资格的督导者；

c. 以兼职形式聘任社会工作顾问，提供教育及支持性的督导（行政督导仍旧由管理层负责）；及

d. 拨款外聘私人顾问（款额最低限度应足以补偿交通及出席所用的时间）。如该提供咨询的顾问是由机构支付酬金，当中牵涉的问责、保密及其他可能出现在操守方面左右为难的局面，均应及早预视及让他们三方（机构、顾问及社工）清楚知悉。

……

香港社会工作者注册局
二零零九年六月三日

# 第四部分

## 项 目 评 估

当你关心项目做得怎样、效果如何、资金使用是否合理、现在遇到什么困难、下一步怎样做等问题时，你需要通过项目评估来帮助你回答这些问题。本部分我们将为你介绍项目评估的定义、目的、方式、主体、策略、内容、方法和程序。

## 一、什么是评估

### （一）评估的定义

评估是一种学习与回馈并存的活动，从行动中学习，并将所学回馈于行动。相应地，项目评估就是掌握社会工作服务项目运作的有关资料，分析形成结论，并将结论回馈于项目，以促进项目发展。你也可以将项目评估简单理解为在项目开展中需要做的三件事情：（1）了解发生的事情；（2）分析存在的问题、优点及其原因；（3）提出解决问题、发挥优点的措施。

## （二）评估的目的

社会工作服务机构属于非营利组织，需要获得外部支持才能有资源来开展项目。怎样才能获得外部支持、争取资源呢？答案是把项目做好，并令人相信项目还能做得更好。项目评估正是为了找到有关项目运作过程和结果的答案，帮助社会工作者学习与总结服务经验，发展更高水平的专业服务。具体而言，你可能因为以下目的而开展项目评估：

1. 问责

项目支持者（出资方、监管方等）通过资金拨付、物资输送、场地借用、政策支持等方式支持项目，你有必要开展项目评估，以证实项目效果，对支持者有所交代。

2. 监察

项目实施往往受社会工作者的知识、能力与价值观的影响。项目评估有利于你监察策划方案的实施情况。

3. 改善

通过项目评估，你可以掌握项目值得肯定之处和需要改善之处，帮助你调整和改善项目发展，提升项目质量。

4. 研究

社会工作者是项目实践的行动者。通过项目评估，你可以判断哪些介入策略与服务方法能产生更好的服务效果，帮助你在行动中进行研究分析，形成理论知识，用于下一次行动。

5. 影响

项目评估可以反馈项目的效应和价值，彰显项目的影响力和公信力，争取更广泛的资源支持。

## （三）评估方式与主体

评估方式分为自评和他评。他评又有两种，一种是支持方评估；另一种是第三方评估机构评估。根据不同的评估方式，评估主体会不同。

1. 自评

社会工作服务机构的社会工作者与督导对自己开展的项目进行评估，评估主体是社会工作服务机构的社会工作者和督导本身。

2. 支持方评估

由支持方（出资方、监管方等）成立评估小组开展项目评估。评估小组是评估主体，一般由以下人员构成：出资方代表（民政事务政府官员、基金会项目官员、企业/个人捐赠代表等）、监管方代表（民政事务政府官员、财务事务政府官员、会计事务所审计员等）、社会工作界代表（资深社会工作者、督导、高校社会工作专业教师等）。

3. 第三方评估

由社会工作服务机构或支持方委托第三方评估机构开展项目评估。评估主体是第三方评估机构的评估团队。通常，第三方评估机构是社会工作行业支持型组织，如社会组织研究中心、社会工作者协会等。第三方评估机构组建的评估团队往往具备以下条件[①]：

（1）不少于5人的单数组成。

（2）取得中、高级社会工作者职业水平证书或受过硕士研究生及以上社会工作专业教育，且具有3年以上相关社会工作实务经验的人员不低于30%。

（3）不少于1名熟悉社会组织财务工作、具有中级及以上专业技术职务的财会人员。

值得关注的是服务对象在项目评估中的角色。理想的情况下，服务对象是评估的主体之一，甚至是最重要的主体。因为服务对象是项目的受众，他们最有资格来评估项目。但由于服务对象的社会参与意识和对社会工作的认知尚浅，自下而上的、民主的评估与问责机制还没建立等原因，现阶段服务对象参与项目评估的常见形式是接受其他评估主体的访谈，表达他们对项目的感受和评价。

① 民政部，2014，《社会工作服务项目绩效评估指南》。

## 二、如何开展评估

### （一）评估策略

当你决定开展项目评估时，请记住评估是一个持续学习和回馈的活动，这个活动贯穿于项目运作的整个过程。因此，你需要掌握的最主要的评估策略是，在项目运作的不同阶段均开展相应的评估。

1. 策划阶段

在项目策划阶段，社会工作服务机构需要协同支持方、督导、资深社会工作者（重视评估的社会工作服务机构还会邀请资深的同行和服务对象）对项目策划方案进行多方评估，以从不同的立场和视角检视项目策划是否合理。这项工作也是对项目策划的逻辑模式的检视，具体包括：

（1）检视对服务对象的问题和需求的评估是否准确。

（2）检视所投入的资源是否充足和可用。

（3）检视所采取的介入策略在理论上是否能达到解决问题、满足需求的目标。

（4）检视所提供的服务内容和提供方式是否适合于服务对象和易于实施。

（5）检视项目的预期产出是否公平和合理，以及若实现预期产出，是否意味着能达到相应的预期成果。

(6) 检视项目的预期成果是否公平和合理，以及若实现预期成果，是否意味能达到要解决问题、满足需求的目标。

2. 实施阶段

在项目实施阶段，项目是持续进行的，因而需要对项目进行持续跟进的评估。通常，社会工作服务机构安排督导、管理层和社会工作者开展评估，主要检视项目的实施是否依照原计划进行，具体包括：

(1) 检视服务参加者是否属于原计划的服务对象，以及哪些原计划的服务对象没有参加服务。

(2) 检视每个服务内容与服务对象的兴趣、能力是否相符，服务对象的参与程度如何，服务对象参加服务后能否达到既定目标，投入到每项服务上的资源是否合理。

(3) 检视每项服务的目标设计是否合理，哪些目标比较容易达成和哪些目标比较难实现。

(4) 检视社会工作者是否专业地、熟练地提供服务，社会工作者和服务对象对改善服务有什么建议。

(5) 检视项目评估是否依照计划开展，社会工作服务机构是否依据评估结果采取了相应的措施来改进项目发展；改进的效果如何。

3. 总结阶段

每当项目开展了半年或一年时间，就需要对项目进行半年或一年的总结评估。在总结阶段，最常见的评估方式是自评加他评，先由社会工作机构开展自评，然后由支持方或第三方综合自评结果开展外评。在广东，为期一年的项目一般开展一次中期评估和一次终期评估，为期三年以内的项目开展的总结评估不宜超过 4 次。总结阶段的评估工作包括：

（1）评估项目是否达致预期成果。

（2）评估项目是否对服务对象或社区带来了期望的改变。

（3）评估项目是否实现了一定的价值（投入适当的资源换来合理的效益）。

### （二）评估内容

根据不同的评估目的、评估方式、评估策略，评估内容会有所不同。通常来说，评估内容包括以下三个方面：

1. 社会工作行政

主要包括：制度管理、人员管理、财务管理、环境管理、质量管理、风险管理等。

2. 专业服务

主要包括：服务方案的策划、专业价值与理念的运用、专业理论与模式的运用、专业方法与技巧的运用等。

3. 项目成效

主要包括：项目的效率（服务的产出/投入的成本）、项目的服务质素（服务对象满意度）、项目的效果（服务对象感觉改变程度、服务对象社会功能增强程度等）。

例1：民政部在2014年发布的《社会工作服务项目绩效评估指南》提及项目评估内容包括项目方案、项目实施（专业人员配备与使用、物资配置、专业服务价值理念运用、专业服务理论运用、专业服务方法运用）、项目管理（项目行政管理、专业规范性管理、项目进度管理、服务质量体系与督导、风险管理与应急预案、项目资金管理）、项目成效（目标实现程序、满意度、社会效益）。

例2：2015年广东省佛山市顺德区医务社会工作专项服务评估内容包括：硬件设备、规章制度、人力资源、财务管理、沟通机制、权利保障、服务数量、服务质量、典型和特色服务案例。

## （三）评估方法

对社会工作行政和专业服务的常见评估方法有：参与式观察、文本资料查阅、访谈等。对项目成效的评估方法则根据评估内容不同而采取不同的评估方法。这里主要介绍项目成效的评估方法。

1. 项目成效评估

项目成效评估可以采用成本效能分析和成本效益分析两

种方法。成本效能分析主要是衡量达到相应的成效需要付出的成本是多少（通常是金钱、时间和人力资源）。

例：某社会工作服务机构获得20万元开展一个项目，目的是减少家庭暴力事件。项目计划在一年内协助20个曾经发生家暴的家庭重建和谐关系，期望一年后这20个家庭不再发生家暴事件。成本效能分析就是衡量出这个项目每一个家庭的预期成本是1万元，当项目结束后，计算实际成功的家庭数量，就可以衡量实际成本是多少。当然，仅衡量成本是多少的意义不大，还需要与相似项目比较，通过对比分析得知本项目的成本大小是否合理。同理，也可以统计总共提供了什么服务活动，然后衡量每个服务活动的成本大小。

成本效益分析则是用衡量成本的方式来衡量付出相应的成本后可以达到的成效是多少。成本效益分析不单是用量化数据来衡量项目成本大小，还衡量项目成效大小，这种方法对于社会工作服务是比较难进行的，因为社会工作服务的成效比较难准确量化的。因此，这里只简单介绍概念。

例：紧接上述的项目，我们容易得知成本为20万元，时间为1年（另外还有投入社会工作者的数量等），但对于项目最后的成效能换算为金钱多少（经济损失减少了多少）、时间多少（争取了多少时间）、人力资源多少（释放了多少人力资源），并不容易衡量。

成本效能分析就是计算投入资源与服务产出的比率，投入资源与服务产出均是量化数据，因此这个方法的使用比较容易，是目前社会工作服务项目评估中的常见方法。值得一提的是，一般的项目评估不需要计算比率，而只需要统计服务产出的数量。这是因为项目合同普遍规定了项目的投入资源（资金、人力、场地等）和项目的产出指标，评估时只需要统计服务产出是否达到产出指标则可。

例：某个为期一年的反家暴项目合同中规定资金为232000元，社会工作者人数为2人，项目产出见下表。

**反家暴项目产出指标**

| 产出内容 | 产出指标 |
|---|---|
| 制订年度服务计划 | 1份反家暴服务计划 |
| 撰写服务分析报告 | 2份反家暴服务分析报告 |
| 提供家暴庇护室服务 | 建立1个家暴庇护室 |
| 咨询个案服务 | 50份咨询档案表 |
| 辅导个案服务 | 10个辅导个案<br>60份个案记录表 |
| 小组服务 | 10节小组活动 |
| 社区服务（宣传、讲座、展览等） | 20次社区活动 |

2. 服务质素评估

服务质素评估通常采用服务对象对服务的满意度调查问卷来评估。

**满意度调查问卷的范例**

| 质素因子 | 与质素因子有关的问题 | （1 = 非常不满意；5 = 非常满意） |
|---|---|---|
| 保证度 | 1. 服务对象在接受社会工作者提供服务时是否感到安心？ | 1　2　3　4　5 |
| | 2. 社会工作者是否一直有礼貌地对待每一个服务对象？ | 1　2　3　4　5 |
| | …… | 1　2　3　4　5 |
| 关怀度 | 1. 服务对象在接受服务的过程中能否得到社会工作者个别化的关怀？ | 1　2　3　4　5 |
| | …… | 1　2　3　4　5 |
| …… | …… | 1　2　3　4　5 |

3. 项目效果评估

效果评估往往是评估目标达成程度，可采取的方法主要有数目核算、标准化工具衡量、功能水平尺度法、服务对象感觉改变衡量等。

（1）数目核算

统计有多少服务对象的生活质量得到改变。

| 生活质量 | 数目核算 |
|---|---|
| 地位 | 多少位失业的服务对象获得一份工作 |
| 功能 | 多少位服务对象的沟通能力得到提升 |
| …… | …… |

（2）标准化工具衡量

采用一些心理行为与特征测评量表等工具来衡量服务对象在某个方面的情况，通过前后测对比来反映项目产生的效果。

| 对生活及环境满足程度量表<br>（1 = 几乎没有　2 = 很少有　3 = 有时有　4 = 经常有　5 = 时刻都有） | |
|---|---|
| 1. 我感到无能为力去改变自己的生活 | 1　2　3　4　5 |
| 2. 我觉得忧郁 | 1　2　3　4　5 |
| 3. 我经常哭泣 | 1　2　3　4　5 |
| …… | 1　2　3　4　5 |

（3）功能水平尺度法

观察并记录服务对象的某一社会功能上的增强程度。

| 社会参与情况 | | |
|---|---|---|
| 参与性 | | 服务对象被观察到的情况程度按数字递增 |
| 层次（一） | 通常不参与集体活动 | 1　2　3　4　5 |
| 层次（二） | 在鼓励下有时参与集体活动 | 1　2　3　4　5 |
| …… | …… | 1　2　3　4　5 |

（4）服务对象感觉改变程度衡量

通过调查问卷来了解服务对象是否感觉某一服务带来了改变。

| 家庭正面沟通技巧讲座活动参加者改变的感觉调查问卷 | | | |
|---|---|---|---|
| ……<br>5. 自从参加讲座后，你是否发现家庭里有以下积极改变的情况？ | | | |
| | 非常积极的改变 | 有些积极的改变 | 尚未有积极的改变 |
| （1）家庭冲突事件发生次数减少 | | | |
| （2）家庭成员的合作更多 | | | |
| …… | | | |

## （四）评估程序

评估程序一般包括几个环节：制定评估方案、组建评估团队、传达评估通知、实施评估、出具评估报告。[①]

1. 制定评估方案

（1）起草方案

评估方需要起草详细的评估方案，一般包括如下内容：评估方介绍（若是自评则省略）、评估对象、评估标准、评估团队、评估时间及进度、被评估方需做的准备、评估经费等。

下面是2015年佛山市某街道社会工作服务项目评估工作方案的例子。

## 2015年度××街道社会工作服务项目评估工作方案

承接单位：佛山市××社会工作者协会

一、承接单位简介

……

2014年，本单位出台《××社会服务标准（试行）》，曾成功承接多个社会工作服务项目评估。2015年10月，本单位组建社会工作服务项目评估专业评估团队40人，由高校专业老师、社会服务资深实务工作者、珠三角枢纽型社会工作服务机构管理人员等组成第三方评估团队，负责社会工作服务

① 民政部，2014，《社会工作服务项目绩效评估指南》。

综合评估，在项目管理、服务成效、经费使用等方面践行社会工作服务评估体系。

二、评估对象

××街道所有社会工作服务项目。

三、评估标准与实施

根据《××区政府购买社会工作服务项目规范指引》，依据《××区社会服务标准》的评估成绩占50%，依据《2015年度××街道社会工作服务成效评估指标体系（合同要件、合同内容）》的评估成绩占50%。

四、评估观察员和工作人员

拟从××区社会工作服务项目评估专业评估团队40名中挑选至少6名以上专家，其中包括（此处省略）。工作人员包括（此处省略）。

五、日程安排

（一）2015年11月11日~11月18日，前期筹备与自评

1. 参评项目负责人根据相关要求，认真组织自评，准备有关资料，撰写自评报告，并逐项自评打分。务必于11月18日17：00前，以电子邮件的形式将评估材料发送到本单位的电子邮箱1234……@qq. com。

2. 问卷发放和回收：本次评估，除了街道主管部门、评估团队于实地评估发放和回收项目利益相关主体评价问卷，街道主管部门由评估团队以电子版形式发送，并于11月18

日 17：00 前通过本单位的电子邮箱 1234……@ qq. com 回收。

（二）2015 年 11 月 23 日～12 月 7 日，开展综合评审和实地评估

1. 评估组现场调查评分。评估团队进行现场调查评分，其中，依据《××区社会服务标准》的评估成绩、依据《2015 年度××街道社会工作服务成效评估指标体系（合同要件、合同内容）》的评估成绩各占 50%。根据现场查阅档案、财务等相关资料、查阅自评各项证明材料真实性，并结合现场考察情况，进行打分。

2. 社区走访。评估员对项目（站点）所在辖区进行随机走访，做好走访记录，并根据服务群体的评价填写服务群体调查问卷。

3. 项目利益相关主体评分。评估员走访项目利益相关主体并发放和回收调查问卷，并对主管领导进行访谈。

4. 服务对象回访。评估组成员从项目（站点）提交的服务对象名单中随机抽取一定比例服务对象进行电话访谈，并根据服务对象评价进行打分。

（三）2015 年 12 月 3 日～12 月 7 日，评分汇总

核算总分。形成各项目（站点）的终期评估最终成绩。

（四）2015 年 12 月 8 日～12 月 25 日，各项目（站点）独立报告撰写与提交

评估组根据各方反馈和实地评估结果撰写各项目（站

点）的独立评估报告，经专家审定后提交至××街道政府主管部门。

（五）2015年12月26日~2015年1月15日，评估结果公示及复议

1. 评估结果公示。××街道政府主管部门向各参评机构公示审议后的评估结果。

2. 评估申诉和复核。服务提供方对评估结果有异议的，可向××街道政府主管部门提出申诉，主管部门在受理申诉后的30日内，组织专门工作小组进行复核。复核结果为最终结果，向社会进行公布。

3. 评估结果采用百分制。服务项目的评估结果分为优秀（90分以上）、良好（80~89分）、合格（70~79分）、基本合格（60~69分）、不合格（60分以下）五个等级。

（2）方案确认

若采取自评的评估方式，可由社会工作服务机构管理层确认方案，同意实施；若采取他评中的支持方评估，则由支持方评估小组讨论并确认方案；若采取他评中的第三方机构评估，则第三方机构应将评估方案交给委托方确认，双方确认同意后签订委托评估协议书。无论采取哪一种评估方式，方案在最终确认之前，建议聆听一下被评估方的意见。

2. 组织评估团队

评估方根据评估方案，组建评估团队，针对项目开展评估培训。

3. 传达评估通知

评估方应至少提前30个工作日，书面告知被评估方评估的具体内容、评估标准、操作细则及安排。

4. 实施评估

被评估方应根据评估要求提交自评报告。评估方在收到自评报告和相关材料后及时组织评估。评估实施过程中，被评估方应根据评估需要，及时向评估方提供项目相关的各类资料。

5. 出具评估报告

（1）报告内容

评估报告内容应至少包括：评估开展情况、项目实施情况、评估结论及建议。

## 2015年度××街道社会工作服务项目评估报告

一、评估背景

二、评估对象

三、评估指标体系说明

四、评估方法与实施步骤

五、具体要求达致情况

（一）《××区社会服务标准（试行）》达致情况

（二）《2015 年度××街道社会工作服务成效评估指标（合同要件、合同内容）达致情况

六、综合分析

（一）亮点与优势

（二）不足与问题

七、意见和建议

（2）评估结果及反馈

评估方撰写完成评估报告后，应以评估报告（初稿）的形式，就初步评估结果与被评估方进行沟通，征询被评估方意见。最后，评估方出具正式评估报告并送达评估委托方。

# 第五部分

# 大爱之行项目管理手册汇编

“大爱之行——全国贫困人群社工服务及能力建设项目”通过三年的时间，在全国各省市进行了深入的社会服务和社会工作人才建设的实践和探索，积累了丰富的项目管理经验。在此，我们摘录和汇编了《大爱之行——全国贫困人群社工服务及能力建设项目项目工作手册》[①] 的内容，以展示大爱之行项目的管理经验，供各位读者参考。

## 一、获资助项目管理办法

### 第一章 项目的申报

**第一条** 申报主体。在民政部门登记成立，具有独立法人资格的民办社会工作服务机构与行业组织，同时应具备下列资格条件：

① 资料引自：“大爱之行”全国项目办公室，2014 年 11 月，《大爱之行——全国贫困人群社工服务及能力建设项目项目工作手册》。

（一）须提供地方民政部门或相关部门和群团组织的经费配套承诺证明，获得不低于1：1比例的配套经费；申报项目具有重大创新与示范作用的，全国项目办公室经评审后可豁免资金配套。

（二）拥有能够熟练掌握和灵活运用社会工作知识、方法和技能，愿意积极投身社会工作服务的专业团队，其专职工作人员中具备社会工作专业大专以上学历或社会工作者职业水平资格证书的人数不低于30%。

（三）有规范的治理结构、清晰的财务制度、健全的规章制度和良好的社会公信力。

（四）有较强的公益项目运营管理和社会工作专业服务能力。

**第二条** 申报方式。以项目网络平台申报为主要途径，同时需提交经所在省（自治区、直辖市）民政厅（局）审核盖章的纸质版申报书。

（一）在规定时间内通过民政部社会工作网“大爱之行——示范性专业社会工作服务项目网络申报平台”进行申报。

（二）审核推荐。申报项目须经所在省（自治区、直辖市）民政厅（局）的审核推荐，审核推荐意见须和申报材料纸质版一同报送全国项目办公室。

## 第二章　项目的资格审查、评审及立项

**第三条**　资格审查。申报截止后，全国项目办公室对提交的所有申报材料进行资格审查。资格审查内容为申报单位资格条件、项目填报完整性等。通过资格审查的申报项目提交评审委员会进行评审。

**第四条**　组织评审。

（一）成立评审委员会。评审委员会选取社会工作实务、研究、行政管理领域的专家组成，经项目领导小组批准后成立。评审委员会依照“大爱之行”项目评审标准，遵循评审方案对申报项目进行评审。

（二）评审内容：

1. 申报单位的资质，包括其评估等级、社会声誉、财务制度、工作队伍、实施能力和相关经验。

2. 申报项目的主要内容、实施地域、受益对象、进度安排、解决的问题、项目计划、专业手法设计和预期为服务对象、社区、专业机构发展所带来的成效。

3. 预算编制、资金配套情况。

（三）评审原则：

1. 发挥专业社会工作原则及精神。

2. 创新内容或手段。

3. 项目可行性。

4. 项目示范性与推广性。

5. 促进社会参与及奉献文化。

（四）答辩。通过评审委员会评审的项目，取得参加下一轮评审或评审答辩会的资格。

**第五条** 公示。

依评审意见确定拟资助项目名单，面向社会进行公示。由全国项目办公室成立申诉处理委员会，对申诉意见进行处理。

经公示无异议的申报项目，由项目领导小组签字确认为立项项目。

## 第三章 项目的立项及拨款

**第六条** 签订立项。获资助项目须由项目负责人签订《获资助项目机构接受资助协议》（以下简称“协议”）及《获资助项目任务书》（以下简称“任务书”），提交全国项目办公室。明确资助双方的权利与义务关系，签订后方可立项。

填写任务书前，须仔细阅读本项目管理办法和《获资助项目任务书填写指引》（以下简称“填写指引”），了解项目实施的目的、实施管理、财务管理、项目成效、过程监管、绩效评估及社会影响等方面的要求。

任务书须经项目督导审核、确认，保证项目专业性、项目计划质量及项目成效。

**第七条** 拨款。获资助项目须在规定时间内签订任务书和协议认领拨款，否则被视作放弃拨款。

获 10 万元及以上资助金额的项目，资金分两期拨款。首期为资助金额的 70%，于项目协议签订后 45 个工作日内拨付给获资助项目机构；第二期为资助金额的 30%，待中期检查（评估）合格后继续拨款。

获 10 万元以下资助金额的项目，资金为一次性拨款。于项目协议签订后 45 个工作日内拨付给获资助项目机构。

获资助项目机构收到拨款后，开具有效发票（收据），并于十天内将发票（收据）正本寄至全国项目办公室。

**第八条**　配套资金。由全国项目办公室向项目承接机构发送立项审批意见，要求承诺提供配套资金的地方政府和有关单位于审批后三个月内将经费配套到位。

获资助项目机构收到地方配套经费后，开具有效发票（收据），并于十天内将发票（收据）正本寄送至经费配套单位，并将发票（收据）及银行对账单的复印件传真或邮件给全国项目办公室存档。

## 第四章　项目的实施

**第九条**　项目实施时间。获资助项目须于立项后一个月内启动实施项目，并于 2015 年 12 月前完成。

**第十条**　项目实施中由获资助项目机构、项目督导、全国项目办公室三方主体，对项目实施情况进行监督、指导。

（一）获资助项目机构为本项目的实施主体。须严格按照任务书及协议实施本项目。

（二）项目督导为项目实施的专业督导。每个项目有一名指定的项目督导。

（三）全国项目办公室为本项目的实施监督机构。通过不定期抽查，监督项目的实施。全国项目办公室可视需要，要求获资助项目机构提供有关获资助项目的一切资料。

**第十一条** 项目信息提供。

获资助项目机构须定期向全国项目办公室提供项目实施进展情况并附相关资料。频率为三个月一次，具体时间节点为：2014 年 11 月，2015 年 2 月、5 月、8 月、11 月，2016 年 2 月，以上每个月的 5 日前。

提供方式：在民政部社会工作网“大爱之行”项目管理网络平台上填报。

**第十二条** 项目监督。

（一）服务满意度调查与反馈。须结合项目计划的实施进行服务对象满意度调查，跟踪服务对象反馈意见。

（二）检查及评估。获资助项目须接受由全国项目办公室组织的中期及末期的检查（评估）。中期检查（评估）的时间为 2015 年 2 ~ 3 月，末期检查（评估）的时间为 2016 年 2 ~ 3 月。

（三）资料留存。实施过程中，获资助项目机构须保留文书、图片、音像、财务文件等材料来协助过程检查、督导和评估。

**第十三条**　项目督导。

全国项目办公室为每个项目指定一名督导专家。获资助项目负责人为本项目与督导的联系人。实行全过程督导：

（一）获资助项目机构填报的任务书须由项目督导进行指导和审核。

（二）项目按提供信息时间节点与项目督导进行面谈，一般在项目信息提供后 15 个工作日内进行。面谈采用远程视频方式。

（三）根据需要，全国项目办公室安排项目督导对获资助项目进行实地督导。

**第十四条**　项目交流会。全国项目办公室计划于 2015 年 4 月和 2016 年 4 月分别组织项目中期交流会和项目成果分享会，获资助项目负责人须如期参加。

**第十五条**　项目宣传。

（一）获资助项目须加大对服务对象、社会公众、地方政府、合作单位的宣传。宣传过程中须明确体现本项目为“民政部 李嘉诚基金会大爱之行——全国贫困人群社工服务及能力建设项目”；在各项社会活动中主动介绍项目目的及内容，宣传项目成效，推广项目模式。

（二）宣传工作包括但不限于以下方式：

1. 定期编辑项目成果简报进行宣传。可利用机构已有刊物、宣传册或专门编辑项目宣传册，向社会公众免费派发，分送有关党政部门、合作机构与团体等。

2. 利用网络、新媒体进行宣传。及时对项目内容进行新闻宣传，加大项目与公众的互动交流。

（三）在宣传过程中，项目在网站、印刷品、展示牌、海报、会议或媒体宣传中显示为本项目的资助项目时所使用的项目标识、项目简介、项目宣传等内容，应向全国项目办公室索取统一的宣传格式和模板，不可擅自更改。

（四）项目必须是非营利性质，项目及其所有宣传品都不能涉及任何形式的商业成分及商品宣传。除本项目签订文件所列条款外，本项目不赋予获资助项目机构利用“大爱之行”项目名称的任何其他许可、使用权和其他权利。

**第十六条** 公众监督。本项目鼓励获资助项目机构通过多种途径向公众公示项目的进展和资金使用情况。

**第十七条** 合作单位。除任务书中所列合作单位外，其余新增合作单位只视作协作团体。获资助项目机构不可外包项目予第三方实施，如有以上情况，将视为终止项目。全国项目办公室保留核查权利，并依据情况决定是否追讨或索还。

**第十八条** 项目变更。若项目偏离原定的协议和任务书，获资助项目机构须向全国项目办公室提出书面说明，在说明内列明详情，并提供充分理由供全国项目办公室考虑，并以取得全国项目办公室的书面同意为依据。如只在原定计划中做出微小调整，项目负责人无须预先报告全国项目办公室，但须在项目报告（含财务报告）中清楚列出项目更改内容，并提供合理原因。

接受拨款后，项目不可自行撤回项目。如遇客观因素须尽快以书面形式通知全国项目办公室。

**第十九条**　项目中止或违反本管理办法、任务书和协议的，本项目有权要求该机构立刻退还拨款，并向公众进行说明；若项目在实施过程中，获任何公众或其他个人投诉项目有违反国家法律、法规或不恰当使用资助拨款的行为，经查证属实后，将正式通知获资助项目机构停止项目，并全额退回已资助款项。

**第二十条**　如有欺诈、贿赂、不当使用资助拨款造成极其恶劣的社会影响和后果时，本项目保有法律上的追究权利。

## 第五章　项目经费的使用

**第二十一条**　获资助项目机构对全国项目办公室拨付的项目经费须设独立账簿，实行专款专用。

**第二十二条**　须严格按照中华人民共和国财政部关于“民间非营利组织会计制度”的统一规定来设置会计科目、填制会计账簿、编制财务报表，并指定专人负责款项管理。所填报的财务信息必须真实、及时、完整。

**第二十三条** 项目实施期间，须严格遵守项目任务书，经项目负责人签字批准后方可从拨付的项目经费中支取。

**第二十四条** 须保留全部支出发票或收据的原始凭证，以备不定期抽查和结项审计。当全国项目办公室发出抽选核查通知后，应将获资助项目专项财务报表（含经费使用情况）及全部费用的原始票据复印本，快递至全国项目办公室。

**第二十五条** 在获资助项目实施完成时，实际经费使用额度超过资助额度的，超出的部分本项目不予追加。

**第二十六条** 在获资助项目实施完成时，实际经费使用额度少于资助额度，发生资金结余的，获资助的项目机构可以按原计划增加服务对象，并在获资助项目完成后 6 个月内全数使用该款项，并提交项目报告。获资助项目完结后，获本项目拨款添置的器材可以留存或转赠予有需要机构或人士，以便继续提供服务。

**第二十七条** 获资助项目机构自行承担项目实施过程中可能产生的税费，未获非营利组织免税资格的社会组织为提供合法票据产生的税款可在项目经费中支出。

## 第六章 项目的审计和评估

**第二十八条** 项目中期检查（评估）前，项目机构须提交获资助项目中期实施报告（含财务报告）；实施期结束后两个月内，项目机构须提交获资助项目总结报告（含财务报告）

及获资助项目结项自评表。

**第二十九条**　获资助项目总结报告（含财务报告）须由项目负责人及机构在报告上签署并盖章，在保障服务对象及机构隐私的前提下，在提交全国项目办公室之前须自行在网络媒体上公示一周。

**第三十条**　项目结束时，全国项目办公室组织或委托第三方专业机构对获资助项目进行评估，项目机构须对评估工作予以积极配合。如有必要，项目负责机构应根据评估结果对项目进行整改。

**第三十一条**　项目结束时，全国项目办公室委托独立第三方对项目财务进行审计。

### 第七章　附　则

**第三十二条**　本办法适用于"大爱之行"项目所有获资助项目。

**第三十三条**　全国项目办公室对本办法有最终解释权。

## 二、项目财务管理及用款指引

### 第一章　总　则

**第一条**　为保证民政部与李嘉诚基金会合作项目"大爱

之行—全国贫困人群社工服务及能力建设项目”（以下简称“项目”）的顺利实施，保证项目资金发挥最大的效益，根据国家有关法规和财务制度、李嘉诚基金会有关财务管理制度，并参照中华人民共和国民政部内部相关管理制度制订本财务管理及用款指引。

**第二条** 本项目实行公开透明的财务管理，并接受社会及公众监督。项目经费的管理与使用以“促进项目执行，发挥资金最大效益”为目标，依照“专项管理、单独建账、独立核算、专款专用、共同审批”的原则，任何单位或个人不能以任何理由或方式私自挪用、挤占。

**第三条** 项目实施机构包括全国项目办公室（以下简称“全国项目办”）、地方民政部门、获资助项目机构和项目督导专家。项目经费由国家民政部在其账下设立独立记账的科目，以独立会计账目对项目资金进行独立核算。

**第四条** 项目共资助 110 个专业社会工作服务项目，覆盖十类服务领域，即城市流动人口社会工作服务、农村留守人员社会工作服务、特殊人群社会工作服务、老年人社会工作服务、儿童及家庭社会工作服务、残疾人社会工作服务、妇女与婚姻家庭社会工作服务、贫困与失业人员社会工作服务、医疗与精神健康社会工作服务、社区社会工作服务。

**第五条** 项目捐款产生的利息需继续用于此项目的支出。

## 第二章　第三章（略）

## 第四章　全国项目办经费申请、审批及使用、结算

**第九条**　经费申请

（一）获资助项目机构按照项目申报指南所列的申报条件与要求，向全国项目办公室提出经费申请。申请文件应有一份项目统筹计划，内容包括实施方案、具体产出和财务预算及配套拨款相关文件或情况说明。申报项目需获得当地政府配套资金为本计划的要求。

（二）全国项目办公室将会同专家组对申报项目材料进行了资格审核、初审、评审答辩与公示等程序，经公示无异议的申报项目，由全国项目办与申报机构签订项目任务书及接受资助拨款协议（以下简称“项目任务书及协议”）。经专家组评选合格并获得项目资助资格后，获 10 万元及以上资助金额的项目，项目资助金分两期拨款，首期为资助金额的 70%，于签订项目任务书及接受资助拨款协议后 45 个工作日内拨付给获资助项目机构。第二期为资助金额的 30%，待中期检查合格后 45 个工作日内拨款。获 10 万元以下资助金额的项目，资金为一次性拨款。于项目任务书及协议签订后 45 个工作日内拨付给获资助项目机构。同时，全国项目办向地方民政部门转达审批意见，承诺提供配套资金的地方政府和

有关单位需于项目任务书及协议签订后三个月内完成经费配套到位，并应全部用于该获资助项目。

（三）获资助项目机构和项目督导专家收到拨款后，开具有效发票（收据），并于十天内用快件形式将正式发票正本寄至全国项目办公室。

（四）获资助项目机构收到地方配套经费后，开具有效发票（收据），并于十天内以快递形式将正式发票正本寄至经费配套单位，并将发票及银行对账单的扫描件电邮（或将复印件传真）给全国项目办公室存档。

（五）若获资助项目机构未能于项目的“项目管理平台”所公布的截止日期前根据本项目要求签订接受资助拨款协议认领拨款，则被视作放弃拨款。

**第十条**　获资助项目机构和项目督导专家经费使用程序

（一）获资助项目机构和项目督导专家需严格遵守项目任务书或项目督导协议书，根据获资助项目进展情况开展服务，获资助项目的各项服务活动经项目负责人签字批准后方可从拨付的项目经费中支取。

（二）获资助项目机构须保留各项开支的有效发票和经费支取时机构主管或项目负责人签字审批的相关会计凭证，并进行统一归档，以备全国项目办公室不定期抽查。

**第十一条**　拨款结算

（一）督导专家的拨款结算，结算时间为每年的 6 月及

12 月 15 日（如 15 日为周末将顺延下一个工作日），拨款将按照实际发生的业务量及协议规定拨付给项目督导专家。如项目与督导专家已签订合作协议书，则根据合作协议书，按期及时拨付委托费用。

（二）获资助项目执行期间，获资助项目机构需接受全国项目办公室不定期抽查。当全国项目办公室发出抽选核查通知后，除发送电子汇总表格外，还需将获资助项目专项财务报表（含经费使用情况）及将全部费用的原始票据复印本，快递至全国项目办公室。

（三）全国项目办公室工作人员收到后即时对各获资助项目的财务报告进行审核，对其中存在问题的，需及时通知获资助项目机构的机构领导或项目负责人，了解问题所在，并作出处理。对存在挪用现象的，应要求获资助项目机构在规定期间内追回款项。

**第十二条**　全国项目办公室经费的审批

民政部与基金会共同实施全国项目办公室的办公行政、综合管理及宣传等工作管理费用的审批与管理。双方项目办公室副主任共同对每月全国项目办公室财务报告，及整个项目支出的财务报告进行审批；并对资金使用进行审核签字，再报办公室主任签批后，送财务司拨款。

**第十三条**　民政部社会工作司（以下简称“社工司”）与中民慈善捐助信息中心（以下简称“中民中心”）签订项

目委托协议书，委托中民中心协助承担项目之财务结算及获资助项目财务管理，并指定一名兼职财务人员，专门负责项目办财务工作。社工司按项目的执行情况及资金需要，将相关经费分期划拨予中民中心，中民中心需进行专款专用、独立核算等管理并妥善保存好经费的相关凭证。

**第十四条** 社工司对基金会拨款及民政部配套资金承担管理责任，项目资金应尽量集中在民政部的财政管理体系，减少资金流通环节及缩短流程，以降低风险及提高资金的使用效率。

## 第五章 财务账簿及管理

**第十五条** 中民中心定期编制会计凭证，登记财务账簿，财务人员将报销凭证及票据复印连续编号后登记账簿，并妥善保存相关凭证。每半年与民政部财务司核对一次账目，书面记录对账结果并签字盖章。

**第十六条** 每月编制财务报告，其中包括比较项目的预算及实际支出的差异情况，定期上报社工司。月度及年度财务报表需由财务人员及项目办主任审核及签署。

**第十七条** 每年 1 月份将上年度的会计资料进行编号归档，包括辅助备查账、财务报告等，妥善保管相关凭证以备查。

## 第六章　获资助项目经费的使用

**第十八条**　获资助项目机构必须严格按照中华人民共和国财政部关于“民间非营利组织会计制度”的统一规定来设置会计科目、填制会计账簿、编制财务报表，并指定专人负责款项管理。所填报的财务信息必须真实、及时、完整。

获资助项目机构要在会计科目中设立独立的会计账目，实行专款专用，不得挪作他用或截留。要严格按照项目预算和协议书约定执行项目，并保留全部支出的发票或收据原始凭证，以备全国项目办公室不定期抽查。

**第十九条**　获资助项目机构每半年向全国项目办公室和地方民政部门上报项目执行情况报告及财务报告。项目督导专家完成所有被委托的工作后向全国项目办公室上报项目执行情况报告。上报全国项目办公室的项目执行情况报告及财务报告需有获资助项目机构主管领导签字。

**第二十条**　在获资助项目的内容全部完成时，实际经费使用额度超过资助额度的，超出的部分本计划不予追加。

**第二十一条**　在获资助项目的内容全部完成时，实际经费使用额度少于资助额度的，即有资金结余的，获资助项目机构可以按其原计划增加服务对象，并在获资助项目完成日后6个月内全数使用该款项，并提交项目报告。如有不便，请尽早联络全国项目办公室。获资助项目完结后，获本项目拨款添置的器材可以留存或转赠予有需要的机构或人士，以便继续提供服务。

获资助项目中止、未能充分执行或违反本项目项目管理办法或接受资助拨款协议的，本项目有权要求该机构立刻全数退还拨款，并向社会公众说明。

**第二十二条** 获资助项目不可外包，资助拨款不可转让予任何其他第三方执行。

**第二十三条** 获资助项目须严格按照执行计划和拨款协议等开展项目的实施。除不可抗力因素外，获拨款后一个月内必须开展项目，并于2015年12月31日前完成。当执行计划遇有困难或不可预见事由要更改计划内容（包括资金使用）的，获资助项目负责人须预先通知全国项目办公室审批后执行。

**第二十四条** 全国项目办公室对获资助项目将定期跟踪回访，了解获资助项目实施情况。获资助项目机构须定期主动向全国项目办公室汇报项目实施进展情况并附相关资料。

获资助项目结束后两个月内应向全国项目办公室提交有负责人签名盖章的获资助项目总结报告（含财务报告）和获资助项目结项自评表，并提供图片、档案、记录、录像等项目资料。

**第二十五条** 获资助项目结束时，全国项目办公室将组织专家成立评估小组，对部分获资助项目进行评估或委托第三方专业机构进行评估，获资助项目机构须对评估工作予以积极配合。如有必要，获资助项目机构应根据评估结果对项目进行整改。

**第二十六条**　若获资助项目机构在执行过程中，本项目接获任何公众或其他个人投诉获资助项目有违反国家法律、法规或不恰当使用资助拨款的行为，经查证属实后，将正式通知获资助项目机构停止项目，并全额退回已资助款项。

**第二十七条**　获资助项目机构和项目督导专家自行承担项目执行过程中可能产生的税费，未获非营利组织免税资格的社会组织为提供合法票据产生的税款可在项目经费中支出。

## 第七章　财务审计

**第二十八条**　项目成立财务审计小组，在全国项目办公室领导下开展工作。

**第二十九条**　项目审计小组每年不定期对获资助项目机构的经费使用情况进行监管、抽查和审计。对财务管理及经费使用情况的合理性提出专业的意见及改善方案。获资助项目机构须确保其账簿内容准确、真实。

**第三十条**　项目终期将接受基金会认可的独立会计师审计，不涉询价程序或招标。

### 第八章 附 则

**第三十一条** 本办法由全国项目办公室负责解释，并根据实际执行情况适时调整。

**第三十二条** 本办法自2014年7月1日起实施。

## 三、获资助项目督导工作方案

### （一）对项目的督导工作

1. 工作对象

每位督导配对1个获资助项目，对项目实施进行全过程督导。

2. 工作目标

督导工作以签订的获资助项目任务书为主要依据，依照获资助项目管理办法，以指引项目遵循专业化发展方向，达成任务书所列成效为主要目标。

3. 工作范畴[①]

督导工作以项目实施的“专业方向和服务质量”为范围，聚焦项目实施的成效；不针对项目机构、服务和工作人员等

---

① 编者注：“大爱之行”为全国性项目，督导在此发挥的主要是行政性督导功能，而教育性、支持性的工作由机构自行配备督导提供支持。

进行内部督导。

4. 权利关系

在专业服务层面，督导具有对项目的高度、自主建议权，有权要求所督导项目依照督导意见进行项目调整；有权向项目办公室提出项目处置建议。

当项目出现下列情况时，督导应要求项目办公室对项目进行及时检查和处理：

（1）项目存在资金滥用情况。

（2）项目未按照任务书推进，且无法给出合理解释。

（3）项目存在造假、谎报情况。

5. 不同阶段的督导内容

（1）立项签订期（2014 年 6 月 9 日 ~7 月 6 日）

结合“大爱之行”项目服务目标，遵循成效导向原则，参照获资助项目任务书填写指引的具体要求，对获资助项目任务书进行审核。任务书经督导审核通过后才可签订。

（2）实施期（2014 年 7 月 ~2015 年 12 月）

按照项目时间节点与项目进行（远程）面谈，（“时间节点”依照获资助项目管理办法第十一条规定执行。）（远程）面谈前须事先阅读项目提交的获资助项目执行情况报告，结束后须填写督导记录表，并反馈所督导项目。

（3）评估（中/末期）

根据需要参与并接受项目的中/末期评估（检查）。（依照获资助项目管理办法第十二条执行。）

（4）实地督导/探访

督导可随机对项目进行实地督导/探访。实地探访后督导须填写项目实地考察报告提交项目办公室。

**（二）对项目的培训及标准研制工作**

1. 及时发现项目实施过程中的培训需求，向项目办公室提出培训建议。

2. 参与组织培训工作的开展、编撰培训教材。

3. 指导所督导的重点示范项目服务标准的行动研究任务目标实施，协助拟定具有推广性的服务标准。

4. 参与项目办公室组织的标准研制工作，参加专家研讨会和学术交流会。

**（三）工作保障机制**

1. 沟通机制

（1）项目督导全体会议

由项目办公室组织，在项目初期、中期及末期各召开一次全体督导工作会议，总结工作完成情况，分析研究有关问题，部署下阶段工作。要求督导按时参与项目督导组工作会议。

（2）常规沟通工作

项目办公室定期向督导组提交项目动态简讯，相关重要信息、变动信息随时通报。督导组就督导项目过程中发现的信息应及时反馈项目办公室，并提供建议，有权要求项目办公室进行跟进、执行、变更或通报等。

（3）临时性业务工作

项目办公室委托某一位或数位督导完成的某项具体工作，由项目办公室与项目督导保持沟通，作出必要的处理和决定。

2. 督查机制

（1）督查督导工作开展情况

项目办公室将依照获资助项目管理办法监督督导工作的落实情况。

（2）评估督导效果

项目办公室将通过调查问卷、访谈等方式了解项目督导的效果。

（3）财务抽查和审计

项目办公室及其委托第三方对督导经费使用情况进行了解和审计。

（4）组织督导工作中/末期评估

项目办公室于2015年2～4月对项目及督导情况进行中期评估；2016年1～3月进行项目及督导情况的终期评估。

3. 财务处理指引

项目督导经费是项目经费的组成部分。本项目经费的使用严格遵守国家有关法律、法规，遵守民政部和李嘉诚基金会双方具体的财务管理制度。为方便督导经费的使用和管理，形成相关财务处理指引。

（1）督导可根据自身实际情况，以方便性为原则，与项目办公室签订督导协议书。

（2）项目办公室按照督导协议书划拨经费，项目督导收到经费后，须开具有效发票（收据），并于十天内将票据正本寄至项目办公室存档。

（3）经费的使用须符合督导职责、内容，遵守督导协议书。

（4）在执行过程中，若接获任何公众或其他个人投诉督导有违反国家法律、法规或不恰当使用资助经费的行为，经查证属实后，将正式通知项目督导，并要求全额退回已拨付款项。项目督导自行承担项目执行过程中可能产生的税费。

# 第六部分

## 附　　录

# 一、相关法律法规

## （一）机构运作相关法律法规

作为社会工作服务机构的主管，在前期筹备机构的开展和正式运作期都有许多的法律法规需要参考，以下分别从机构登记、年审、财务、税务等方面介绍机构运作的相关法律法规。

1. 登记

机构主管在正式运营社会工作服务机构之前，需要根据《民办非企业单位登记暂行办法》进行机构的登记工作。《民办非企业单位登记暂行办法》第二条规定民办非企业单位根据其依法承担民事责任的不同方式分为民办非企业单位（法人）、民办非企业单位（合伙）和民办非企业单位（个体）三种，机构主管需要根据机构的不同性质选择登记的类别。

| 类型 | 含义 | 备注 |
|---|---|---|
| 民办非企业单位（法人） | 两人或两人以上举办且具备法人条件 | 由企业事业单位、社会团体和其他社会力量举办的或由上述组织与个人共同举办的，应当申请民办非企业单位（法人）登记 |
| 民办非企业单位（合伙） | 两人或两人以上合伙举办 | |
| 民办非企业单位（个体） | 个人出资且担任民办非企业单位负责人 | |

作为机构的负责人，登记民办非企业单位需要经过几个流程，《民办非企业单位登记暂行办法》第三条规定民办非企业单位登记管理机关（以下简称登记管理机关）审核登记的程序是受理、审查、核准、发证、公告，并且需要提交相应的文件和证明材料、相关证件等。

| | |
|---|---|
| 第一步：受理 | 申请登记的举办者所提交的文件、证件和填报的登记申请表齐全、有效后，方可受理 |
| 第二步：审查 | 审查提交的文件、证件和填报的登记申请表的真实性、合法性、有效性，并核实有关登记事项和条件 |
| 第三步：核准 | 经审查和核实后，作出准予登记或者不予登记的决定，并及时通知申请登记的单位或个人 |

续表

| | |
|---|---|
| 第四步：发证 | 对核准登记的民办非企业单位，分别颁发有关证书，并办理领证签字手续 |
| 第五步：公告 | 对核准登记的民办非企业单位，由登记管理机关发布公告 |

在申请登记民办非企业单位应向登记管理机关提交下列文件：

| | |
|---|---|
| 登记申请书 | 民办非企业单位的登记申请书应当包括：举办者单位名称或申请人姓名；拟任法定代表人或单位负责人的基本情况；住所情况；开办资金情况；申请登记理由等 |
| 章程草案 | 民办非企业单位的章程应当包括下列事项：<br>（一）名称、住所<br>（二）宗旨和业务范围<br>（三）组织管理制度<br>（四）法定代表人或者负责人的产生、罢免的程序<br>（五）资产管理和使用的原则<br>（六）章程的修改程序<br>（七）终止程序和终止后资产的处理<br>（八）需要由章程规定的其他事项 |
| | 合伙制的民办非企业单位的章程可为其合伙协议；民办非企业单位须在其章程草案或合伙协议中载明该单位的盈利不得分配，解体时财产不得私分 |

续表

| | |
|---|---|
| 登记申请书 | 民办非企业单位的登记申请书应当包括：举办者单位名称或申请人姓名；拟任法定代表人或单位负责人的基本情况；住所情况；开办资金情况；申请登记理由等 |
| 拟任法定代表人或单位负责人的基本情况、身份证明 | 拟任法定代表人或单位负责人的基本情况应当包括姓名、性别、民族、年龄、目前人事关系所在单位、有否受到剥夺政治权利的刑事处罚、个人简历等。拟任法定代表人或单位负责人的身份证明为身份证的复印件，登记管理机关认为必要时可验证身份证原件 |
| | 对合伙制的民办非企业单位，拟任单位负责人指所有合伙人 |
| 业务主管单位出具的执业许可证明文件 | 业务主管单位的批准文件，应当包括对举办者章程草案、资金情况（特别是资产的非国有性）、拟任法定代表人或单位负责人基本情况、从业人员资格、场所设备、组织机构等内容的审查结论 |
| | 民办非企业单位的活动场所须有产权证明或一年期以上的使用权证明 |
| | 民办非企业单位的验资报告应由会计师事务所或其他有验资资格的机构出具 |

机构主管在申请的过程中，需要按照《民办非企业单位登记暂行办法》第七条的规定，民办非企业单位的登记事项

为：名称、住所、宗旨和业务范围、法定代表人或者单位负责人、开办资金、业务主管单位。住所是指民办非企业单位的办公场所，须按所在市、县、乡（镇）及街道门牌号码的详细地址登记；宗旨和业务范围必须符合法律法规及政策规定；开办资金应当与实有资金相一致；业务主管单位应登记其全称。

2. 年审

社会工作服务机构每年也需要经过年审，《社会团体登记管理条例》第三十一条要求社会团体应当于每年 3 月 31 日前向业务主管单位报送上一年度的工作报告，经业务主管单位初审同意后，于 5 月 31 日前报送登记管理机关，接受年度检查。工作报告的内容包括：本社会团体遵守法律法规和国家政策的情况、依照本条例履行登记手续的情况、按照章程开展活动的情况、人员和机构变动的情况以及财务管理的情况。机构主管与机构同工应每阶段记录好工作的进度以及机构的运作情况，预留合理的时间进行报告的撰写并在规定时间之前提交。

3. 财务

社会工作服务机构的运作会产生财务的来往，《社会团体登记管理条例》第二十九条规定，社会团体的资产来源必须合法，任何单位和个人不得侵占、私分或者挪用社会团体的资产；社会团体的经费，以及开展章程规定的活动按照国家有关规定所取得的合法收入，必须用于章程规定的业务活动，不得在会员中分配；社会团体接受捐赠、资助，必须符合章程规定的宗旨和业务范围，必须根据与捐赠人、资助人约定的期限、方式和合法用途使用。社会团体应当向业务主管单位报告接受和使用捐赠、资助的有关情况，同时应当将有关情况以适当方式向社会公布；社会团体专职工作人员的工资和保险福利待遇，参照国家对事业单位的有关规定执行。

而第三十条规定社会团体必须执行国家规定的财务管理制度，接受财政部门的监督；资产来源属于国家拨款或者社会捐赠、资助的，还应当接受审计机关的监督。社会团体在换届或者更换法定代表人之前，登记管理机关、业务主管单位应当组织对其进行财务审计。

4. 税务

《中华人民共和国企业所得税法》第二十六条第（四）项提出符合条件的非营利组织的收入为免税收入。企业所得税法第二十六条第（四）项所称符合条件的非营利组织，是指同时符合下列条件的组织：

（一）依法履行非营利组织登记手续；

（二）从事公益性或者非营利性活动；

（三）取得的收入除用于与该组织有关的、合理的支出外，全部用于登记核定或者章程规定的公益性或者非营利性事业；

（四）财产及其孳息不用于分配；

（五）按照登记核定或者章程规定，该组织注销后的剩余财产用于公益性或者非营利性目的，或者由登记管理机关转赠给与该组织性质、宗旨相同的组织，并向社会公告；

（六）投入人对投入该组织的财产不保留或者享有任何财产权利；

（七）工作人员工资福利开支控制在规定的比例内，不变相分配该组织的财产。

## （二）《中华人民共和国慈善法》（摘录）

2016 年 3 月 16 日第十二届全国人民代表大会第四次会议通过了《中华人民共和国慈善法》。该法从慈善组织、慈善募捐、慈善捐赠、慈善信托、慈善财产、慈善服务、信息公开、促进措施、监督管理等方面对公益慈善事业进行了论述，让公益慈善事业有了明确的法律保障和规范。在此编者摘录部分法律条文以供读者参考。

1. *慈善活动*

**第三条**　本法所称慈善活动，是指自然人、法人和其他组织以捐赠财产或者提供服务等方式，自愿开展的下列公益活动：

（一）扶贫、济困；

（二）扶老、救孤、恤病、助残、优抚；

（三）救助自然灾害、事故灾难和公共卫生事件等突发事件造成的损害；

（四）促进教育、科学、文化、卫生、体育等事业的发展；

（五）防治污染和其他公害，保护和改善生态环境；

（六）符合本法规定的其他公益活动。

**第四条** 开展慈善活动，应当遵循合法、自愿、诚信、非营利的原则，不得违背社会公德，不得危害国家安全、损害社会公共利益和他人合法权益。

……

2. *慈善组织*

**第九条** 慈善组织应当符合下列条件：

（一）以开展慈善活动为宗旨；

（二）不以营利为目的；

（三）有自己的名称和住所；

（四）有组织章程；

（五）有必要的财产；

（六）有符合条件的组织机构和负责人；

（七）法律、行政法规规定的其他条件。

**第十条** 设立慈善组织，应当向县级以上人民政府民政部门申请登记，民政部门应当自受理申请之日起三十日内作出决定。符合本法规定条件的，准予登记并向社会公告；不符合本法规定条件的，不予登记并书面说明理由。

本法公布前已经设立的基金会、社会团体、社会服务机构等非营利性组织，可以向其登记的民政部门申请认定为慈善组织，民政部门应当自受理申请之日起二十日内作出决定。符合慈善组织条件的，予以认定并向社会公告；不符合慈善组织条件的，不予认定并书面说明理由。

……

3. 慈善募捐

**第二十一条**　本法所称慈善募捐，是指慈善组织基于慈善宗旨募集财产的活动。

慈善募捐，包括面向社会公众的公开募捐和面向特定对象的定向募捐。

**第二十二条**　慈善组织开展公开募捐，应当取得公开募捐资格。依法登记满二年的慈善组织，可以向其登记的民政部门申请公开募捐资格。民政部门应当自受理申请之日起二十日内作出决定。慈善组织符合内部治理结构健全、运作规范的条件的，发给公开募捐资格证书；不符合条件的，不发给公开募捐资格证书并书面说明理由。

法律、行政法规规定自登记之日起可以公开募捐的基金会和社会团体，由民政部门直接发给公开募捐资格证书。

**第二十三条**　开展公开募捐，可以采取下列方式：

（一）在公共场所设置募捐箱；

（二）举办面向社会公众的义演、义赛、义卖、义展、义拍、慈善晚会等；

（三）通过广播、电视、报刊、互联网等媒体发布募捐信息；

（四）其他公开募捐方式。

……

4. 慈善服务及志愿者管理

**第六十二条** 开展慈善服务，应当尊重受益人、志愿者的人格尊严，不得侵害受益人、志愿者的隐私。

**第六十三条** 开展医疗康复、教育培训等慈善服务，需要专门技能的，应当执行国家或者行业组织制定的标准和规程。

慈善组织招募志愿者参与慈善服务，需要专门技能的，应当对志愿者开展相关培训。

**第六十四条** 慈善组织招募志愿者参与慈善服务，应当公示与慈善服务有关的全部信息，告知服务过程中可能发生的风险。

慈善组织根据需要可以与志愿者签订协议，明确双方权利义务，约定服务的内容、方式和时间等。

**第六十五条** 慈善组织应当对志愿者实名登记，记录志愿者的服务时间、内容、评价等信息。根据志愿者的要求，慈善组织应当无偿、如实出具志愿服务记录证明。

**第六十六条**　慈善组织安排志愿者参与慈善服务，应当与志愿者的年龄、文化程度、技能和身体状况相适应。

**第六十七条**　志愿者接受慈善组织安排参与慈善服务的，应当服从管理，接受必要的培训。

**第六十八条**　慈善组织应当为志愿者参与慈善服务提供必要条件，保障志愿者的合法权益。

慈善组织安排志愿者参与可能发生人身危险的慈善服务前，应当为志愿者购买相应的人身意外伤害保险。

……

5. 法律责任

**第九十八条**　慈善组织有下列情形之一的，由民政部门责令限期改正；逾期不改正的，吊销登记证书并予以公告：

（一）未按照慈善宗旨开展活动的；

（二）私分、挪用、截留或者侵占慈善财产的；

（三）接受附加违反法律法规或者违背社会公德条件的捐赠，或者对受益人附加违反法律法规或者违背社会公德的条件的。

**第九十九条**　慈善组织有下列情形之一的，由民政部门予以警告、责令限期改正；逾期不改正的，责令限期停止活动并进行整改：

（一）违反本法第十四条规定造成慈善财产损失的；

（二）将不得用于投资的财产用于投资的；

（三）擅自改变捐赠财产用途的；

（四）开展慈善活动的年度支出或者管理费用的标准违反本法第六十条规定的；

（五）未依法履行信息公开义务的；

（六）未依法报送年度工作报告、财务会计报告或者报备募捐方案的；

（七）泄露捐赠人、志愿者、受益人个人隐私以及捐赠人、慈善信托的委托人不同意公开的姓名、名称、住所、通讯方式等信息的。

慈善组织违反本法规定泄露国家秘密、商业秘密的，依照有关法律的规定予以处罚。

慈善组织有前两款规定的情形，经依法处理后一年内再出现前款规定的情形，或者有其他情节严重情形的，由民政部门吊销登记证书并予以公告。

**第一百零一条** 开展募捐活动有下列情形之一的，由民政部门予以警告、责令停止募捐活动；对违法募集的财产，责令退还捐赠人；难以退还的，由民政部门予以收缴，转给其他慈善组织用于慈善目的；对有关组织或者个人处二万元以上二十万元以下罚款：

（一）不具有公开募捐资格的组织或者个人开展公开募捐的；

（二）通过虚构事实等方式欺骗、诱导募捐对象实施捐赠的；

（三）向单位或者个人摊派或者变相摊派的；

（四）妨碍公共秩序、企业生产经营或者居民生活的。

广播、电视、报刊以及网络服务提供者、电信运营商未履行本法第二十七条规定的验证义务的，由其主管部门予以警告，责令限期改正；逾期不改正的，予以通报批评。

**第一百零二条**　慈善组织不依法向捐赠人开具捐赠票据、不依法向志愿者出具志愿服务记录证明或者不及时主动向捐赠人反馈有关情况的，由民政部门予以警告，责令限期改正；逾期不改正的，责令限期停止活动。

……

## （三）志愿服务管理相关法律法规

### 1. 招募

根据各地方志愿服务规范性文件总结，从招募的主体上来看，招募志愿者可以分为自行招募、联合招募、委托招募、组织招募、社会公开招募、海外招募等。各地方志愿服务条例规定，招募志愿者应当遵循公开原则。志愿者组织应当以适当的方式公告志愿服务计划；招募人数、条件，服务时间、服务内容、服务对象，培训使用、管理考核等必要事项；与志愿服务项目有关的真实、准确、完整的信息，并明确告知在志愿服务过程中可能出现的风险。

2. 志愿服务协议的签订

志愿服务协议作为明确志愿者组织、志愿者与志愿服务对象之间的文件，是伴随着志愿服务规范化进程而产生的。志愿服务协议有书面形式与口头形式两种。志愿服务协议的内容主要包括：志愿服务内容、时间和地点；参加志愿服务的条件；志愿者的培训；志愿服务成本的分担；风险保障措施；志愿者责任的免除；协议的变更和解除；争议解决方式；需要明确的其他事项。

3. 开展志愿服务

志愿者组织安排志愿服务活动，应当与志愿者的年龄、身体等条件相适应，与志愿服务项目所要求的知识技能相适应，不得安排志愿者从事超出约定范围的志愿服务活动。安排未成年人参加志愿服务活动，应当与未成年人的身心特点相适应，并征得未成年人的监护人同意。志愿者组织应当为志愿者从事志愿服务活动提供必要的安全、卫生、医疗等条件和物质保障，开展知识和技能培训和安全教育，甚至必要时提供相应保险等。

4. 志愿服务的激励表彰机制

志愿服务的激励与表彰制度不仅有利于鼓励志愿者，调动其积极性，而且有利于吸引更多人参与志愿服务。《志愿服务记录办法》第四条规定，志愿者组织、公益慈善类组织和社会工作服务机构应当安排专门人员对志愿服务记录进行确认、录入、储存、更新和保护，并接受登记管理机关或者业务主管部门对志愿服务记录工作的监督管理；第九条规定志愿服务活动（项目）结束后，志愿者组织、公益慈善类组织和社会服务机构应当对志愿者所承担工作的完成状况和服务对象的满意程度进行综合评价；第十一条明确了志愿者因志愿服务表现突出、获得表彰奖励的，志愿者组织、公益慈善类组织和社会服务机构应当及时予以记录。

### （四）《民间非营利组织会计制度》（摘录）

**第一条**　为了规范民间非营利组织的会计核算，保证会计信息的真实、完整，根据《中华人民共和国会计法》及国家其他有关法律、法规的规定，制定本制度。

**第二条**　本制度适用于在中华人民共和国境内依法设立的符合本制度规定特征的民间非营利组织。民间非营利组织包括依照国家法律、行政法规登记的社会团体、基金会、民办非企业单位和寺院、宫观、清真寺、教堂等。

适用本制度的民间非营利组织应当同时具备以下特征：

（一）该组织不以营利为目的和宗旨。

（二）资源提供者向该组织投入资源并不得以取得经济回报为目的。

（三）资源提供者不享有该组织的所有权。

……

**第八条** 民间非营利组织在会计核算时，应当遵循以下基本原则：

（一）会计核算应当以实际发生的交易或者事项为依据，如实反映民间非营利组织的财务状况、业务活动情况和现金流量等信息。

（二）会计核算所提供的信息应当能够满足会计信息使用者（如捐赠人、会员、监管者）等的需要。

（三）会计核算应当按照交易或者事项的实质进行，而不应当仅仅按照它们的法律形式作为其依据。

（四）会计政策前后各期应当保持一致，不得随意变更。如有必要变更，应当在会计报表附注中披露变更的内容和理由、变更的累积影响数，以及累积影响数不能合理确定的理由等。

（五）会计核算应当按照规定的会计处理方法进行，会计信息应当口径一致、相互可比。

（六）会计核算应当及时进行，不得提前或延后。

（七）会计核算和编制的财务会计报告应当清晰明了，便于理解和使用。

（八）在会计核算中，所发生的费用应当与其相关的收入相配比，同一会计期间内的各项收入和与其相关的费用，应当在该会计期间内确认。

（九）资产在取得时应当按照实际成本计量，但本制度有特别规定的，按照特别规定的计量基础进行计量。其后，资产账面价值的调整，应当按照本制度的规定执行。除法律、行政法规和国家统一的会计制度另有规定的外，民间非营利组织一律不得自行调整资产账面价值。

（十）会计核算应当遵循谨慎性原则。

（十一）会计核算应当合理划分应当计入当期费用的支出和应当予以资本化的支出。

（十二）会计核算应当遵循重要性原则的要求，对资产、负债、净资产、收入、费用等有较大影响，并进而影响财务会计报告使用者据以作出合理判断的重要会计事项，必须按照规定的会计方法和程序进行处理，并在财务会计报告中予以充分披露；对于非重要的会计事项，在不影响会计信息真实性和不至于误导会计信息使用者作出正确判断的前提下，可适当简化处理。

……

**第十二条** 民间非营利组织填制会计凭证、登记会计账簿、管理会计档案等要求，按照《中华人民共和国会计法》《会计基础工作规范》和《会计档案管理办法》等的规定执行。

……

该制度还对资产、净资产、收入、费用、财务会计报告等方面进行了规定，本书未能尽录[①]。

## （五）相关法律法规及部门条例清单

与社会服务相关的法律法规众多，我们无法一一摘录，在此我们罗列相关法律法规和民政部等的相关条例供各位读者参考索引[②]。

1. 相关法律

(1)《中华人民共和国慈善法》

(2)《中华人民共和国残疾人保障法》

(3)《中华人民共和国老年人权益保障法》

(4)《中华人民共和国未成年人保护法（修订)》[③]

(5)《中华人民共和国公益事业捐赠法》

(6)《中华人民共和国会计法》

(7)《中华人民共和国收养法》

(8)《中华人民共和国婚姻法》

(9)《中华人民共和国精神卫生法》

---

① 编者注：全文读者请索引财政部关于印发《民间非营利组织会计制度》的通知（财会〔2004〕7 号)，民政部网站：http：//jmz. cq. gov. cn/main/mzj/flfg/mjzz/zcwj/1_ 3645/default. shtml

② 编者注：各位读者可以查阅相关法律出版物及查询民政部网站索引获取。

③ 此法于2006 年12 月29 日第十届全国人民代表大会常务委员会第二十五次会议修订，2006 年12 月29 日中华人民共和国主席令第六十号公布，自2007 年6 月1 日起施行。

（10）《中华人民共和国劳动合同法》[①]

2. 相关法规

（1）《慈善组织公开募捐管理办法》（中华人民共和国民政部令第59号）

（2）《养老机构管理办法》（中华人民共和国民政部令第49号，自2013年7月1日起施行）

（3）《养老机构设立许可办法》（中华人民共和国民政部令第48号，自2013年7月1日起施行）

（4）《残疾人就业条例》（中华人民共和国国务院令第488号，自2007年5月1日起施行）

（5）《慈善组织认定办法》（中华人民共和国民政部令第58号，2016年9月1日起施行）

（6）《社会组织登记管理机关行政处罚程序规定》（中华人民共和国民政部令第44号公布，自2012年10月1日起施行）

（7）《社会组织评估管理办法》（中华人民共和国民政部令第39号，2011年3月1日起施行）

（11）《民办非企业单位登记管理暂行条例》（1998年10月25日国务院令第251号发布）

---

① 《全国人民代表大会常务委员会关于修改〈中华人民共和国劳动合同法〉的决定》已由中华人民共和国第十一届全国人民代表大会常务委员会第三十次会议于2012年12月28日通过，自2013年7月1日起施行。

（12）《社会团体登记管理条例》（1998 年 10 月 25 日国务院令第 250 号发布）

（13）《基金会管理条例》（2004 年 3 月 8 日国务院令第 400 号公布）

（14）《民办非企业单位年度检查办法》（中华人民共和国民政部令第 27 号，自 2005 年 6 月 1 日起施行）

（15）《救灾捐赠管理办法》（中华人民共和国民政部令第 35 号，自 2007 年 10 月 26 日通过实施）

（16）《社会团体登记管理条例》（1998 年 9 月 25 日国务院第 8 次常务会议通过）

3. 相关通知文件、制度

（1）《民间非营利组织会计制度》（财会〔2004〕7 号）

（2）民政部关于印发《志愿服务记录办法》的通知（民函〔2012〕340 号）

（3）《关于改革社会组织管理制度促进社会组织健康有序发展的意见》（中共中央办公厅 国务院办公厅 2016 年 8 月 21 日印发）

（4）《关于印发社会工作专业人才队伍建设中长期规划（2011－2020 年）》的通知（中组发〔2012〕7 号）

（5）民政部 财政部关于政府购买社会工作服务的指导意见（民发〔2012〕196 号）

（6）国务院办公厅关于政府向社会力量购买服务的指导

意见（国办发〔2013〕96号）

（7）财政部 民政部 工商总局关于印发《政府购买服务管理办法（暂行）》的通知（财综［2014］96号）

（8）民政部关于促进民办社会工作机构发展的通知（民发〔2009〕145号）

（9）民政部关于加快推进灾害社会工作服务的指导意见（民发〔2013〕214号）

（10）民政部关于进一步加快推进民办社会工作服务机构发展的意见（民发〔2014〕80号）

（11）民政部关于印发《中国社会服务志愿者队伍建设指导纲要（2013－2020年）》的通知（民发〔2013〕216号）

## 二、推荐阅读书目

本书陈述了社会工作服务项目管理的立项与招投标、项目策划与方案设计、社会工作督导、筹资、项目评估等方面的内容，但由于篇幅所限未能尽述项目管理的各个细节。下面，我们列出相关书目，供读者参考和进一步深入学习之用。

1. 阿尔弗雷多．卡杜山著，郭名倞等译，2008，《社会工作督导（第四版）》，北京：中国人民大学出版社。

2. 陈锦棠，2008，《香港社会服务评估与审核》，北京：

北京大学出版社。

3. 冯利，章一琪，2015，《公益组织筹资策略：创造非凡的价值》，社会科学文献出版社。

4. 郭景萍编，2015，《社会工作机构的运作与管理》，北京：北京大学出版社。

5. 梁伟康著，1990，《社会服务机构行政管理与实践》，香港：非营利组织卓越管理有限公司。

6. Leon H. Ginsberg 著，黄晨曦译，《社会工作评估：原理与方法》，华东理工大学出版社。

7. 马丽庄、吴丽端、区结莲著，2013，《社会工作跨境专业督导——山东经验》，北京：社会科学文献出版社。

8. Moira Walker、Michael Jacobs 著，胡连新译，2009，《督导》，人民卫生出版社。

9. Peter M. Kettner、Rober M. Moroney、Lawrence L. Martin 著，高迪理译，2001，《服务方案之设计与管理》，台北：扬智文化事业股份有限公司。

10. 田丰，2012，《中国政府购买服务指南》，华南公益研究院。

11. 徐明心著，陈秋山译，2005，《社会工作督导：脉络与概念》，台北：心理出版社。

12. 朱健刚主编，2016，《公益蓝皮书：中国公益慈善发展报告（2014）》，北京：社会科学文献出版社。

# 参考文献

[1] Bradshaw J. 1972, Theconceptofsocialneed, New Society.

[2] 冯利，章一琪，2015，《公益组织筹资策略：创造非凡的价值》，社会科学文献出版社。

[3] 方巍、张晖、何铨，2010，《社会福利项目管理与评估》，北京：中国社会出版社。

[4] 黄源协，1999，《社会工作管理》，台北：扬智出版社。

[5] 李增禄，2002，《社会工作概论》，台北：巨流出版社。

[6] 李昺伟、吴耀健、郭思源、陈安娜著，2016，《中国贫困人群的社工服务－大爱之行项目研究》，北京：社会科学文献出版社。

[7] Kadushin，1992，转引自 Tsui，M.，2001. Towards a culturally sensitive model of social work supervision in HongKong. Unpublished Doctoral Dissertation，Faculty of social work，University of Toronto.

[8] Kadushin&Hakness, 2002, Supervision in Social Work (4th ed), Columbia University Press.

[9] 梁伟康著, 1990, 《社会服务机构: 行政管理与实践》, 香港: 集贤社。

[10] 梁伟康著, 2012 年, 《成效管理: 非营利社会服务组织全面实践策略》, 香港: 非营利组织卓越管理有限公司。

[11] 马丽庄、吴丽端、区结莲著, 2013, 《社会工作跨境专业督导——山东经验》, 北京: 社会科学文献出版社。

[12] Ming - sum Tsui 著, 陈秋山译, 2005, 《社会工作督导: 脉络与概念》, 台北: 心理出版社。

[13] Mckillip Jack. 1984, Decision analysis for program evaluators. Contemporary Evaluation Research.

[14] Peter H. & Robin S. 2003, 王文秀、李沁芬、谢淑敏、彭一芳译, 《助人专业督导》, 台北: 学富文化。

[15] Preedy V&Watson R 2010, Handbook of disease burdens and quality of life measures, New York: Springer.

[16] Shulman, L. 1995, Encyclopedia of social work. Washington, DC: National Association of Social Workers.

[17] 沙依仁、江亮演, 2004, 《社会工作管理》, 台北: 五南图书出版公司。

[18] 田丰，2012，《中国政府购买服务指南》，华南公益研究院。

[19] 中华人民共和国民政行业标准，2014，《社会工作服务项目绩效评估指南》（MZ/T 059—2014），中华人民共和国民政部。